TOUS LES
PHARES DE FRANCE
DE LA MER DU NORD À LA MÉDITERRANÉE

TEXTE
RENÉ GAST

PHOTOS
JEAN GUICHARD

Éditions Ouest≈France

C e livre est, à ma connaissance, le premier qui magnifie ainsi la beauté sculpturale de l'ensemble des 124 phares du littoral français métropolitain, ces remarquables réalisations de pierre, de métal. Est-ce être iconoclaste, face à un tel témoignage d'admiration, et sans doute d'amour de la part de René Gast et Jean Guichard, de se faire l'écho du débat qu'entretiennent certains sur leur utilité pour le navigateur aujourd'hui ?

Car les techniciens du domaine de la signalisation maritime, à qui nous devons ces réalisations spectaculaires, ouvrages d'art, lanternes, appareillages divers, qui constituent la superbe iconographie de cet ouvrage, cherchent à progresser pour améliorer la sécurité des navigateurs et la protection de l'environnement, et mettent à profit toutes les innovations technologiques. Si certaines sont encore au stade des essais (guidages des navires par faisceau laser au Canada), d'autres font déjà partie de notre quotidien, comme les systèmes de radiopositionnement.

P   R   É

Les navigateurs ont utilisé depuis longtemps de tels systèmes : radiophares, Oméga différentiel, DECCA, RANA, TORAN. Aujourd'hui, le positionnement par satellite (GPS) les a remplacés et la couverture différentielle (DGPS) mise en place gratuitement par la plupart des Etats le long de leurs côtes, avec une précision de 5 mètres, est un service de qualité offert aux navigateurs. La France, au sein de l'Europe avec le projet GNSS, et avec d'autres pays au sein de l'organisation pour la mise en œuvre du LORAN C sur la zone nord-ouest de l'Europe, travaille activement pour assurer la mise à disposition de ces deux types d'aides radioélectriques complémentaires.

Mais, sur la passerelle d'un ferry du trans-Manche, ou à la barre d'une chaloupe, les marins ne négligent jamais l'aide d'un amer ou du rythme d'un feu. Comme me le disait récemment un ami, on apprécie grandement le balisage en place quand, de nuit, à l'entrée du port, toutes les sources d'énergie font soudainement défaut à bord.

Comme hier pour les gardiens de phares, dont les qualités sont à de nombreuses reprises mises en valeur dans cet ouvrage, aujourd'hui dans les Centres d'Exploitation et d'Intervention des subdivisions Phares et Balises, la technicité tant des matériels que des hommes, le sens du service rendu aux usagers permettent d'atteindre l'objectif d'une disponibilité maximale (99,8 % au moins) des aides. Mais en cas de défaillance de l'une d'entre elles, c'est l'ensemble du dispositif qui joue son rôle, et à ce titre, même les grands phares d'atterrissage constituent toujours, et sans doute encore pour de nombreuses années, un élément nécessaire, complémentaire de systèmes tels que le GPS.

Jacques Manchard, responsable du Bureau des Phares et Balises à la sous-direction de la Sécurité maritime de la Direction des Affaires maritimes et des Gens de Mer.

A   C   E

Histoire des phares

L' Antiquité

Leur origine se confond avec celle de la navigation. Le premier phare ne fut sans doute qu'un simple foyer allumé occasionnellement. Puis, le commerce maritime s'amplifiant, en Méditerranée surtout, les premières tours à feu naquirent. Les siècles en ont fait disparaître toute trace, mais tout confirme — témoignages de voyageurs ou récits d'historiens antiques — que la Grèce archaïque avait déjà entrepris le balisage de ses côtes les plus fréquentées. N'imaginons pourtant pas une Méditerranée antique illuminée par des feux permanents. Au contraire, les phares restèrent longtemps si rares que le Colosse de Rhodes et le Phare d'Alexandrie furent classés parmi les Sept Merveilles du monde...

Au total, malgré les efforts des Romains pour baliser à leur tour les principales voies maritimes, les phares de l'Antiquité ne furent au mieux qu'une trentaine, et plus vraisemblablement une quinzaine, dont cinq ou six en Gaule.

Les siècles de décadence

À partir du v⁰ siècle de notre ère, la chute de l'Empire romain entraîne l'abandon progressif des phares. Pendant le haut Moyen Age, rares sont ceux qui restèrent en usage, et encore de façon tout à fait épisodique, ce qui s'explique par l'effondrement du commerce international et par l'insécurité sur les mers. Les phares pouvaient en

Colosse de Rhodes (in Les Phares - Léon Renard).

*phare
ndrie
Phares -
enard).*

*Construction du phare
des Héaux de Bréhat
(in* Les Phares - *
Léon Renard).*

effet devenir des points de ralliement pour les pillards, et on préféra les éteindre...

Il faudra attendre que des États centralisés se reconstituent et que le commerce maritime reprenne pour que le balisage lumineux des côtes soit de nouveau perçu comme une nécessité. Les cités maritimes italiennes sont parmi les premières à éclairer leurs côtes. Gênes, par exemple, se dote d'un phare aux environs de 1150. Ailleurs en Europe,

quelques phares sont érigés à Dieppe, à La Rochelle ou à Aigues-Mortes. Le renouveau est cependant modeste. Ce n'est qu'à la fin du XVIIᵉ siècle que les grands pays — surtout l'Angleterre et la France — relancent la construction des phares. Mais seules sont comblées — et encore — les lacunes les plus criantes : on peut être stupéfait qu'il ait fallu attendre la

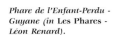

*Phare de l'Enfant-Perdu -
Guyane (in* Les Phares - *
Léon Renard).*

fin du XVIIe siècle pour que des feux signalent aux marins les îles de Ré, d'Oléron et d'Ouessant, ou qu'en plein milieu du XVIIIe siècle, le phare du Planier, à l'entrée de Marseille, soit resté éteint faute d'entretien...

Les phares du Roi-Soleil

Si l'on excepte la construction de Cordouan, à partir de 1584, c'est sous l'impulsion de Colbert que s'amorce pendant le règne de Louis XIV une première — et encore timide — résurrection des phares, qui se prolongera jusqu'au Consulat. Naîtront durant cette période des phares destinés à baliser — surtout en Manche et dans l'Atlantique — les lieux de grand passage les plus dangereux. La plupart sont encore en service aujourd'hui : ceux de Chassiron, des Baleines ou du cap Fréhel, par exemple.

Parmi les plus célèbres, on peut citer le Stiff, sur la côte nord-est d'Ouessant, bâti par Vauban à partir de 1695 au sommet de la falaise, point culminant de l'île, qui lui a donné son nom. Il s'agissait de deux tours jumelles tronconiques, structure encore visible dans l'architecture actuelle de l'édifice. Le Stiff, aujourd'hui entièrement automatisé, est l'une des pièces

maîtresses du dispositif de surveillance des « rails » d'entrée de la Manche. Le phare de la pointe Saint-Mathieu bénéficie quant à lui d'un décor somptueux : si la tour actuelle — qui remplace celle de Louis XIV — ne date que de 1835, elle a été érigée sur les ruines d'une abbaye bénédictine du XVIe siècle démantelée à la Révolution, et du haut de ses 54 mètres on peut contempler par beau temps un panorama superbe qui s'étend de la pointe du Raz à l'île d'Ouessant en embrassant la Chaussée des Pierres Noires et l'archipel de Molène.

L'âge d'or

La véritable résurrection des phares date du XIXe siècle. Auparavant, seules l'Angleterre et, dans une moindre mesure, la France, s'étaient dotées d'un système à peu près convenable de signalisation côtière. Ailleurs en Europe, le balisage lumineux restait rudimentaire, et quant au reste du monde, ses côtes étaient encore à peu près toutes plongées dans l'obscurité.

Les raisons pour lesquelles la pharologie va entrer dans son âge d'or sont multiples : les débuts de la révolution industrielle et ceux de la colo-

Tour d'ordre de Boulogne d'après Claude Chatillon (in Les Phares - Léon Renard*).*

Augustin Fresnel,
le génie des phares

Coupe d'un phare de 1ᵉʳ ordre (in Les Phares - Léon Renard).

Flammes d'un bûcher, torches imbibées d'huile, blanc de baleine ou pétrole, tous les combustibles connus ont été employés pour créer et maintenir la lumière des phares. Mais, outre le problème de l'alimentation du feu — certains phares consommaient jusqu'à une tonne de charbon par nuit — s'est toujours posé celui de son efficacité. En effet, dans le cas où le brasier était allumé sur une plate-forme à l'air libre, il était difficile, voire impossible, de l'entretenir les jours de tempêtes, alors même qu'il était le plus utile et, quand on tentait de le protéger du vent par des panneaux de papier huilé ou de verre, le noircissement de ces parois rendait dérisoire la luminosité. Dès l'Antiquité, c'est donc à l'augmentation de la portée lumineuse que se sont heurtés les concepteurs et les responsables des phares. Quelques progrès interviennent à la fin du XVIIIᵉ siècle. Mais ces solutions ne donnent guère satisfaction, certains feux ainsi modifiés s'avérant même moins lumineux que ceux qu'ils remplacent. Il faudra attendre Augustin Fresnel (1788-1827) pour que les phares connaissent leur révolution.

Polytechnicien à 16 ans, cet ingénieur des Ponts et Chaussées se voit décerner en 1819 un prix de l'Académie pour ses travaux sur la diffraction. Recommandé par Arago, il devient alors membre de la Commission des Phares, et travaille immédiatement à un projet de remplacement des réflecteurs paraboliques par de grandes lentilles de verre. Dans les semaines qui suivent sa nomination, il soumet à la Commission l'épure d'une lentille polyzonale de 60 cm de focale comme première étude de son nouveau système. Dix-huit mois plus tard sera décidée la réalisation, à titre expérimental, d'une lentille complète destinée au phare de Cordouan. Quand, dans la nuit du 20 au 21 juillet 1823, le nouveau feu fut inauguré, sa puissance fit croire aux habitants de la région qu'un incendie s'était allumé... Augustin Fresnel avait si bien pensé son invention qu'aucune amélioration n'a pu lui être apportée, et qu'aucune découverte n'a permis de substituer un autre système aux lentilles qui portent encore aujourd'hui son nom...

Optique du phare de La Vieille, Finistère.

Optique du phare du Cap Levi (Manche).

Appareil dioptrique
(in Les Phares - Léon Renard).

Ci-contre, de gauche à droite :
Appareil de 1ᵉʳ ordre à feu fixe.
Appareil de 1ᵉʳ ordre à éclipses de minute en minute.
Appareil de 1ᵉʳ ordre à éclipses et à éclats blancs et rouges.
Appareil de 3ᵉ ordre à feu fixe blanc varié par
des éclats rouges et verts.
(in Les Phares - Léon Renard).

La Vieille, au fond : la pointe du Raz.

Qu'est-ce qu'un phare ?

Leur fonction est la même : signaler un danger, jalonner une voi
maritime, indiquer l'accès à une rade ou un port. Tous sont définis comm
des « établissements de signalisation maritime sur support fixe ». Dans i
langage du Bureau des Phares et Balises existe cependant une distinctio
entre « feu » et « phare » qui n'est pas toujours évidente pour le profane. U
simple feu peut parfois être plus haut qu'un phare, et la portée d'un phar
plus faible que celle d'un feu. L'ancienneté de la construction ne joue aucu
rôle, et il arrive qu'un établissement, autrefois baptisé phare, ait été décla
sé en feu. Comment alors les reconnaître ?

Pour les différencier, le principe suivant a été appliqué :

Un phare est un établissement de signalisation maritime sur support fix
comportant au moins deux critères parmi les quatre ci-dessous indiqués :

Fonction : établissement de grand atterrissage ou de jalonnement.

Hauteur : établissement d'une hauteur totale au-dessus du sol de plu
de 20 mètres.

Intensité : établissement dont le feu est d'une intensité supérieure
100 000 candélas.

Infrastructure : établissement abritant dans son enceinte un ou plu
sieurs bâtiments du Bureau des Phares et Balises.

Par définition contraire, les feux sont les autres établissements...

On comprend aisément pourquoi il est difficile — voire impossible -
de distinguer d'un coup d'œil un phare d'un feu...

Pour compléter cette terminologie, il faut savoir :

— qu'un phare en mer est un établissement de signalisation maritime su
support fixe dont l'accès habituel ne se pratique qu'avec une embarcation ;

— qu'un phare non gardé est un établissement qui ne peut être rem
immédiatement en fonction en cas d'incident ;

— qu'un phare avec régime en mer est un établissement ouvrant dro
aux agents à l'indemnité spéciale pour vivres en mer et à une majoratio
d'ancienneté.

Ce livre ne traite que des phares, suivant la définition donnée par le B
reau des Phares et Balises. Mais certains feux sont si beaux que nous ne po
vons résister au plaisir de vous en montrer quelques-uns au fil de ces pages.

Phare de Cordouan (in Les Phares - *Léon Renard*).

Quand un grand marin disparu parlait des phares...

« *Vos mères vous ont peut-être dit que les phares étaient là pour éclairer la mer ; n'en croyez rien, ils sont là pour dire aux marins où ils sont* ». Cette phrase de mon professeur de navigation à ses élèves de l'École navale montre bien l'importance des phares pour les marins. Grâce à eux, il a été possible de naviguer de nuit près des côtes.

Le soulagement que l'on peut éprouver quand, par un temps bouché et une estime incertaine, on aperçoit enfin l'éclat qui va permettre de recaler sa position, montre bien toute l'importance que revêtent les phares pour les navigateurs.

Certains prétendent qu'avec les appareils modernes de navigation, les phares deviennent inutiles. Ce n'est pas certain. Il y a peu, un cargo dont l'officier de quart ne se servait que du decca s'est planté sur la Chaussée de Sein. S'il avait jeté un coup d'œil dehors, il aurait pu identifier les feux de Sein et d'Ar-Men, et s'apercevoir ainsi que son decca était déréglé. Les appareils peuvent être en panne, et en particulier sur les petits voiliers, les circuits électriques peuvent subir une avarie. S'il n'y a plus d'électricité, il n'y a plus d'appareils. Les phares restent donc d'une importance capitale » (Éric Tabarly).

Eric Tabarly dans le phare d'Eckmühl.

nisation européenne entraînent un immense essor du commerce maritime, l'architecture des phares atteint sa maturité technique et les nations maritimes sont devenues assez riches pour entretenir un réseau complet de phares et de balises. Il ne restait plus qu'à améliorer le système d'éclairage : l'invention des mèches cylindriques, puis l'apparition de la lampe de Quinquet, qui permet de brûler indifféremment des huiles animales ou végétales, la mise au point ensuite des réflecteurs paraboliques, marquent les premiers progrès. Augustin Fresnel, enfin, impose son système de lentilles à échelons, si génial que seuls des détails en ont par la suite été améliorés.

Ainsi, il y a cent cinquante ans, la pharologie atteignait l'âge adulte. Le nombre des phares allait désormais augmenter rapidement. Qu'on en juge : en France, de 24 phares en 1800, on était passé à 169 en 1853 et à 361 en 1883...

Les phares disparus

Exposé à la violence des éléments, un phare franchit difficilement l'obstacle du temps. En France, un seul des quatre ou cinq phares — le nombre est incertain — construits par les Romains sur les côtes méditerranéennes est encore visible, à Fréjus. Sur la Manche, le phare de Boulogne faillit bien en revanche nous parvenir. Construit par Caligula, il ne disparut qu'en 1644, les Boulonnais l'ayant utilisé comme carrière de pierre. Quant au plus fameux des phares antiques, celui d'Alexandrie, il a brillé seize siècles... Construit au début du IIIe siècle avant J.-C. sur l'îlot de Pharos — d'où le nom commun — il ne disparut qu'en août 1303 de notre ère, ruiné par un tremblement de terre. Les descriptions sont si nombreuses que l'on peut s'en faire une idée assez précise. Sa hauteur supposée — plus de 100 mètres — est stupéfiante, même au regard des normes actuelles. Si la portée de son feu était vraisemblablement faible la nuit, la colonne de fumée devait être visible le jour à plusieurs dizaines de milles. La découverte récente des ruines du phare sous les eaux du port d'Alexandrie confirme les récits des Anciens. Mais il faudra encore attendre des années avant que les archéologues en décryptent tous les secrets...

Phare d'Alexandrie
(in Les Phares - Léon Renard).

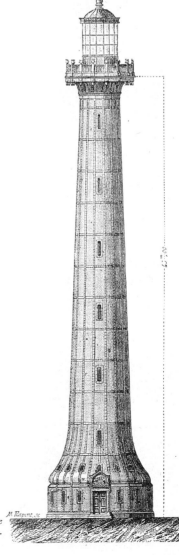

Phare de la Nouvelle-Calédonie
(in Les Phares - Léon Renard).

Du Nord à la Normandie

*Avec la mer du Nord pour dernier terrain vague,
et des vagues de dunes
pour arrêter
les vagues...*

Entre Calais et Douvres s'étend le détroit maritime le plus fréquenté du monde. Cargos de toutes nationalités, supertankers, ferrys, porte-conteneurs, paquebots de croisière, chalutiers ou bateaux de plaisance s'y croisent jour et nuit dans une chorégraphie d'une telle complexité qu'elle ne peut laisser aucune place au hasard. C'est pourquoi le balisage de ses côtes a été très tôt le souci dominant des deux puissances qui le commandent, la France et la Grande-Bretagne. Ce n'est pas un hasard si, dès l'Antiquité,

l'un des seuls phares romains de Gaule fut édifié à Boulogne sous le règne de Caligula... Outre le péril permanent qu'entraîne la densité de la navigation, les 223 kilomètres de littoral qui le bordent côté français présentent de nombreux dangers : hauts-fonds mouvants, estuaires d'accès difficile — l'entrée en baie de Somme, avec ses chenaux vagabonds, en est un exemple particulièrement redoutable —, falaises battues par les houles, courants drossant à la côte, îlots et chaos rocheux... Si les feux qui, de Dunkerque à la Somme, assurent le balisage lumineux du nord de la Manche n'ont pas l'aura légendaire et romantique des phares bretons,

Ault
*Phare à terre.
Coordonnées géographiques :
50° 06' 33'' N - 01° 27' 25'' E.
Hauteur par rapport au sol :
28 mètres (environ 110 mètres
au-dessus du niveau de la mer).
Optique fixe, focale 0,50 m.
Éclairage par lampe halogène
650 W. Feu blanc et rouge
à 3 occultations groupées 12 s.
Portée 17 milles.*
Photo page de gauche.
Voir texte p. 23.

*Les données techniques constituant la « carte d'identité » des phares sont celles fournies par chacune des Subdivisions des Phares et Balises.
Les coordonnées géographiques sont exprimées soit en degrés, minutes et secondes — par exemple 48° 17'53'' N pour la latitude du Four — soit en degrés, minutes et décimales — par exemple 02° 21',600 W pour la longitude du phare du Pilier.
Pour la hauteur de l'ouvrage, nous donnons, en fonction des indications fournies, soit la hauteur du plan focal, soit la hauteur totale de la tour — du sol au sommet de la lanterne — éventuellement complétée par la hauteur au-dessus du niveau des hautes mers moyennes de vive eau au coefficient 95.
Pour ce qui concerne les caractéristiques de l'optique et de l'éclairage, nous nous en tenons aux éléments les plus simples. Les feux de secours ne sont pas évoqués.
La portée lumineuse du phare que nous indiquons est sa portée maximale — celle du feu blanc quand il est bicolore ou tricolore — dans une atmosphère homogène pour une visibilité météorologique de 10 milles marins.
Pour éviter toute redondance avec la photographie, qui constitue l'élément essentiel de cette « carte d'identité », nous ne décrivons que sommairement les caractéristiques architecturales de chaque phare, en ne donnant aucune indication sur ses couleurs ou les inscriptions qu'il porte.
Notons enfin que de nombreux phares ont subi de graves dommages pendant la dernière guerre, et que les archives les concernant ont parfois été détruites. D'où quelques lacunes historiques qui peuvent paraître étranges : c'est ainsi que la date de construction de certains phares de la Manche ou de la Méditerranée est aujourd'hui inconnue...*

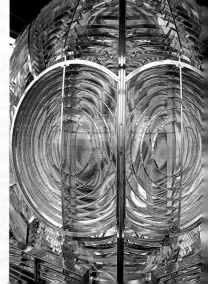

Optique de Faraman.

leur utilité — quelle que soit la sophistication des nouvelles aides à la navigation — n'en demeure pas moins fondamentale...

Dunkerque

Mis en service en mai 1843, ce phare — le seul du département du Nord — fut édifié sur les ruines du fort maritime de Risban, aménagé par Vauban de 1681 à 1683 au sud de l'entrée de Dunkerque. Entièrement bâti en briques de maçonnerie lisse, il se présente sous la forme d'une tour cylindrique sur un soubassement rectangulaire renfermant deux logements et des locaux techniques. On accède à la lanterne par un escalier de 276 marches. Son fonctionnement entièrement automatisé depuis 1985 est géré par un automate programmable avec cycles d'allumage et d'extinction contrôlés par éphéméride.

Bien que non gardé, il est accessible au public en contactant le Musée portuaire, 9 quai de la Citadelle, 59140 Dunkerque, tél. 03 28 63 33 39.

Dunkerque
Feu.

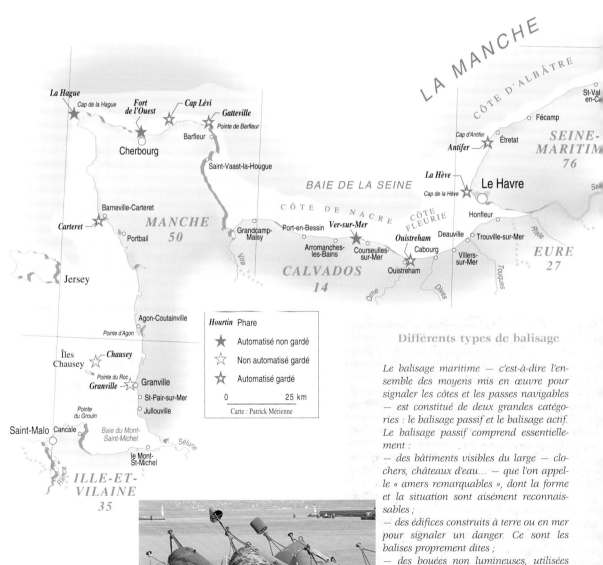

Entrepôt des balises au port de Brest.

Différents types de balisage

Le balisage maritime — c'est-à-dire l'ensemble des moyens mis en œuvre pour signaler les côtes et les passes navigables — est constitué de deux grandes catégories : le balisage passif et le balisage actif. Le balisage passif comprend essentiellement :
— des bâtiments visibles du large — clochers, châteaux d'eau... — que l'on appelle « amers remarquables », dont la forme et la situation sont aisément reconnaissables ;
— des édifices construits à terre ou en mer pour signaler un danger. Ce sont les balises proprement dites ;
— des bouées non lumineuses, utilisées dans les sites difficiles et dans ceux où les dangers — bancs de sable par exemple — se déplacent souvent.

Dunkerque
Phare à terre.
Coordonnées géographiques :
51 ° 02' 98" N - 02 ° 21' 94" E.
Hauteur totale : 63 mètres.
Optique : lentille à
4 panneaux avec anneaux
catadioptriques, focale 0,50 m.
Éclairage par lampe 1 000 W.
Feu rythmé à 2 éclats blancs
10 s. Portée 26 milles.

Les limites du balisage passif sont toutefois évidentes : non seulement il n'est utile que si la visibilité est convenable, mais il peut représenter la nuit un réel danger de collision. Aussi une autre forme de signalisation s'est-elle vite révélée indispensable. Il s'agit du balisage actif, qui comprend principalement :
— les phares, situés dans les zones de grand danger et de fort trafic ;
— les feux à terre, implantés sur certaines côtes, aux entrées de ports et dans les estuaires ;
— les tourelles lumineuses, qui marquent des plateaux rocheux, des limites de zones dangereuses ou des têtes de roches isolées ;
— les bouées-phares, qui remplacent les bateaux-feux, trop coûteux en hommes et en matériel, établies à des endroits où le danger justifierait un phare, mais où la nature de la côte — sables, marécages — interdit d'en construire un ;
— les bouées lumineuses, qui servent de repères dans les passes fréquentées ;
— les aides sonores — cornes de brume, sirènes, cloches — qui étaient autrefois les seules aides efficaces par temps bouché, mais dont le manque de précision entraîne la disparition ;
— les aides radioélectriques à la navigation, qui représentent un saut qualitatif déterminant : ni la brume ni la nuit ne sont désormais de véritables obstacles ;
— les réflecteurs passifs de radar, qui donnent au radar embarqué sur le navire un écho important, garantissant un positionnement très sûr ;
— le Racon — un appareil installé sur un point fixe ou sur un établissement flottant — qui, interrogé automatiquement par le radar, donne sa position par rapport au navire, ainsi qu'une information en morse.

Toutes ces aides sont peu à peu complétées — et pour certaines, seront remplacées — par des appareils indiquant directement une position soit en longitude et en latitude, soit par référence à des cartes préétablies, soit enfin en établissant leurs propres cartes et en positionnant le navire sur ces dernières. Il s'agit des systèmes GPS (Global Positioning System), GLONASS (GLObal NAvigational Satellit System) et Loran C (LOw RANge C generation). Ces systèmes assurent la couverture complète des côtes de France pour les deux premières, hors Méditerranée pour le troisième.

remplacer les briques extérieures par des briques émaillées, des cerclages en béton renforçant la tour et soutenant le poids du nouveau parement.

Automatisé, mais non contrôlé car en vue directe de la capitainerie du port de Calais, il est visitable.

Gris-Nez

Mis en service dans sa configuration actuelle en octobre 1957, il se présente comme une tour cylindrique en maçonnerie de pierres apparentes brutes. Il est automatisé, télécontrôlé et non visitable.

Calais

Phare à terre.
Coordonnées
géographiques :
50° 57' 73" N - 01° 51' 30" E.
Hauteur du plan focal :
59 mètres au-dessus de la
haute mer.
Optique en verre taillé
4 panneaux, focale 0,30 m.
Éclairage par lampe aux
halogénures métalliques
250 W. Feu blanc à
4 éclats groupés 15 s.
Portée 23,5 milles.

Calais

Mis en service en octobre 1848, ce phare remplace la Tour de Guet, une installation de 38 mètres de haut qui fonctionnait depuis 1818. Élevé sur la Couleuvrine, un des derniers bastions des anciens remparts de Calais, il fut bâti en maçonnerie de briques, qui se révélèrent à l'usage poreuses et friables : par temps de pluie, elles absorbaient l'eau, et lors de gelées, éclataient en petits morceaux qui tombaient parfois dans la cour de l'école voisine ! Il faudra attendre 1992 pour des crédits soient débloqués afin de permettre de

Gris-Nez

Phare à terre.
Coordonnées géographiques :
50° 52' 14" N - 01° 35' 04" E.
Hauteur du plan focal :
72 mètres au-dessus de la
haute mer.
Optique en verre taillé
2 panneaux, focale 0,375 m.
Éclairage par lampe aux
halogénures métalliques
1 000 W. Feu blanc à éclats
réguliers 5 s. Portée 26 milles.

Les phares de Boulogne

Boulogne peut s'enorgueillir d'avoir été l'un des premiers ports d'Europe à être signalé par un phare. Dès sa conquête par César, la Bretagne - pour nous la Grande-Bretagne - fut considérée comme une colonie par les Romains, pour qui la rapidité et la sûreté de la traversée de la Manche revêtaient une importance stratégique majeure. Mais c'est d'une véritable farce historique que naquit la tour d'Orde (ou d'Ordre, les deux orthographes ont leurs partisans), l'un des plus anciens phares du monde.

Au retour d'une expédition aux confins de la Gaule Chevelue, Caligula avait fait entamer à Gesoriacum — l'antique Boulogne — la construction d'une flotte et de machines de guerre pour se lancer dans une expédition punitive contre les Bretons insoumis. Mais,

raconte Tacite, « il fit pour la Bretagne comme pour la Germanie, et ne forma d'immenses préparatifs que pour les abandonner ». Celui qui se rêvait à la fois un nouveau César et un nouvel Alexandre ne pouvait cependant revenir à Rome sans s'attribuer une victoire. Il décida donc que c'est contre la mer qu'il l'avait remportée, la descente de la marée signifiant que celle-ci fuyait devant lui... Et Suétone décrit cette scène ahurissante : « Il ordonna tout à coup qu'on ramassât des coquillages et qu'on en remplit les casques. C'étaient, disait-il, des dépouilles de l'Océan dont il fallait orner la capitale et le palais de César. Comme témoignage de sa victoire, il fit construire une tour très élevée sur laquelle, comme celle de Pharos, seraient allumés la nuit des feux pour guider la course des navires. » En pré-

Boulogne, digue Carnot
Phare en mer.
Coordonnées géographiques :
50° 44' 49" N - 01° 34' 11" E.
Hauteur du plan focal :
25,42 mètres au-dessus de la
haute mer.
Optique en verre taillé
6 panneaux, focale 0,25 m.
Éclairage par lampe aux
halogénures métalliques 250 W.
Feu blanc 2 éclats groupés
alternant avec un éclat isolé
15 s. Portée 23,5 milles.

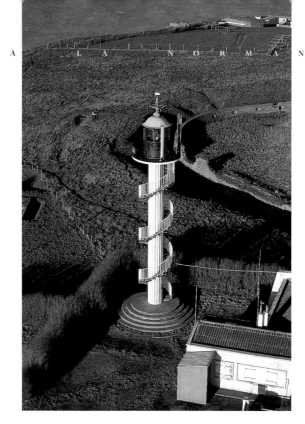

voyant une utilité pratique au monument qui célébrait sa dérisoire victoire, l'empereur fou avait au moins eu une lumière de raison... La tour d'Orde, en tout cas, ne disparut qu'en 1644, non de la mort naturelle d'un phare, si l'on peut dire, mais à cause de l'incurie des autorités boulonnaises, qui négligèrent de l'entretenir, et par la faute des habitants, qui exploitèrent des carrières à l'aplomb de ses fondations, jusqu'à provoquer l'effondrement de la falaise sur laquelle elle était construite. Mais seize siècles d'existence laissent des traces, et les descriptions de la tour d'Orde abondent, ainsi que les médailles, gravures et estampes qui la représentent. C'était une tour octogonale, d'une soixantaine de mètres de haut, bâtie en maçonnerie de briques et de pierres grises et jaunes, située à l'origine à une centaine de mètres du bord de la falaise.

Celle-ci dominant de plus de trente mètres le niveau de la mer, on imagine la portée remarquable du feu...

On peut regretter le désastre archéologique que représente son effondrement de 1644. Mais n'accablons pas les Boulonnais du XVIIᵉ siècle. Après tout, le plus beau phare du monde, Cordouan, « phare des Rois, roi des phares », n'a-t-il pas failli être laissé à l'abandon il y a moins de vingt ans ?

Aujourd'hui, deux phares s'élèvent à Boulogne.

Boulogne, digue Carnot

Sans doute mis en service dans sa configuration actuelle en juin 1968, il élève sa tour cylindrique en maçonnerie lisse sur le musoir de la digue Carnot.

Il est automatisé, télécontrôlé et non visitable.

Boulogne, Alprech

Sa mise en service dans la configuration actuelle remonterait à mars 1963. Il se présente comme une colonne cylindrique métallique à nervures verticales avec escalier hélicoïdal extérieur, sur un soubassement circulaire en maçonnerie lisse.

Automatisé, télécontrôlé, il est non visitable.

Boulogne, Alprech
Phare à terre.
Coordonnées géographiques :
50° 41' 96" N - 001° 33' 83" E.
Hauteur du plan focal :
62,35 mètres au-dessus de la haute mer.
Optique en verre moulé
3 lentilles, focale 0,35 m.
Éclairage par lampe à incandescence aux halogènes 650 W. Feu blanc à 3 éclats groupés 15 s. Portée 26 milles.

Le balisage des côtes métropolitaines en chiffres

1 787 phares, feux à terre et tourelles lumineuses, dont 31 phares en mer, 93 phares à terre — tant sur le continent que sur des îles habitées — et 1 303 feux à terre et tourelles lumineuses.
5 phares en mer gardiennés
3 bouées-phares
2 257 balises
1 077 bouées non lumineuses
1 093 bouées lumineuses
187 avertisseurs sonores
36 radiophares et radiobalises
658 réflecteurs passifs de radar

Berck

Mis en service dans sa configuration actuelle en août 1951, il se présente comme une tour cylindrique en maçonnerie lisse sur un soubassement également en maçonnerie lisse, accolée à un bâtiment en forme de L en maçonnerie de pierres apparentes. Automatisé et télécontrôlé, il ne se visite pas.

Berck
Phare à terre.
Coordonnées géographiques :
50° 23' 95" N - 001° 33' 67" E.
Hauteur du plan focal : 44,50 mètres
au-dessus de la haute mer. Optique en verre taillé
à 4 panneaux, focale 0,30 m. Éclairage par lampe
aux halogénures métalliques 250 W.
Feu blanc à éclats réguliers 5 s. Portée 24 milles.

La Canche
Phare à terre.
Coordonnées géographiques :
50° 31' 43" N - 01° 35' 60" E.
Hauteur du plan focal :
53,65 mètres au-dessus de la
haute mer.
2 optiques jumelles en verre
taillé avec chacune
4 panneaux, focale 0,30 m.
Éclairage par 2 lampes aux
halogénures métalliques
250 W. Feu blanc à 2 éclats
groupés 10 s. Portée 15 milles.

La Canche

Mis en service dans sa configuration actuelle en septembre 1951, il est constitué d'une tour à section octogonale à faces concaves en maçonnerie de briques apparentes sur un soubassement octogonal en maçonnerie de pierres apparentes. Il est encore gardienné, mais sera automatisé et télécontrôlé au moment du départ à la retraite du gardien, fin 1999 ou début 2000. Il ne se visite pas.

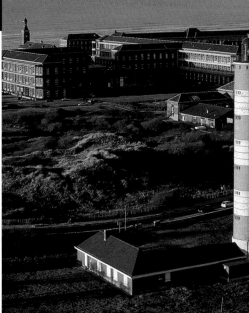

Cayeux
Phare à terre.
Coordonnées
géographiques :
50° 11' 70" N - 01° 30' 75" E.
Hauteur totale :
31,85 mètres.
Optique à éclats tournants,
4 lentilles de Fresnel, focale
0,375 m. Éclairage par
lampe aux halogénures
métalliques 250 W.
Feu rouge à éclats réguliers
5 s. Portée : 19 milles.

SOMME

On ne sait à partir de quelle époque a été mise en place la signalisation lumineuse des approches de la baie de Somme. Dès le milieu du XVIIIᵉ siècle, en tout cas, est attestée l'existence du « feu de Cayeux », situé entre Ault et Cayeux. Il s'agissait d'un phare très primitif, « constitué d'un échafaudage en charpente de 9 mètres de haut environ, supportant à son sommet un creuset en maçonnerie, dans lequel un panier en grille de fer était rempli chaque jour de charbon de bois que le gardien arrosait d'une mesure de poix-résine et auquel il mettait le feu chaque soir [1]. »

Les côtes de la Somme sont aujourd'hui balisées par deux phares, Cayeux et Ault.

Cayeux

Mis en service en septembre 1951, le phare actuel s'élève sur un terrain du village de Brighton, près de Cayeux-sur-Mer. Il remplace un édifice construit en 1837, dynamité par l'infanterie allemande le 31 août 1944. Sa tour cylindrique, érigée sur une plate-forme carrée, est en béton armé et briques.

Automatisé, gardienné, il ne se visite pas.

Ault

Élevé sur la falaise d'Ault, le phare actuel a été mis en service en 1951, en remplacement de l'ancien édifice, bâti en 1885 et dynamité en juin 1940. Il se présente comme une tour tronconique à parement extérieur en brique

1. « *Histoire anecdotique des Phares, Tonnes, Balises, Bouées et Amers de la Picardie maritime* », *Eugène Lomier, 1934.*

émaillée blanche et au sommet en brique rouge. Il est à noter que l'équipement du phare sera modernisé en 1999, et que ses caractéristiques lumineuses risquent de changer.

En cours d'automatisation, gardienné, il ne se visite pas.

Voir photo p. 14.

ESTUAIRE DE LA SEINE

L'estuaire de la Seine, c'est ce lieu indécis où se télescopent le rêve et le cauchemar, le vent du large et les nuages empoisonnés des raffineries, l'eau douce du plus civilisé des fleuves de France et l'eau salée de la plus fréquentée des mers du globe. D'une rive à l'autre se contemplent les cheminées d'usines et les toits d'ardoise, les grues géantes et les manoirs, la brutalité industrielle du Havre et la beauté nostalgique d'Honfleur. Le temps n'est plus où les drakkars vikings s'engouffraient chaque printemps dans cette voie royale qui les menait à de somptueux pillages jusqu'à Rouen ou même Paris... Certes, Le Havre été défiguré pour toujours par les bombardements de la dernière guerre. Certes, les digues, les quais et les ponts ont transformé sur des kilomètres les rives du fleuve en une zone industrielle amphibie d'une irrémédiable laideur... L'estuaire a pourtant gardé une vraie majesté, surtout quand le ciel et la mer d'hiver se rejoignent dans des nuances infinies de gris, et que s'estompent derrière un horizon devenu flou les cheminées d'usines et les silhouettes préhistoriques des grues géantes... Et, comme pour prouver que jamais les hommes ne pourront interrompre le formidable combat que mènent la mer et la terre, la rectitude blanche des falaises qui au nord du Havre bordent le pays de Caux gardent leur immuable splendeur...

Antifer
Phare à terre.
Coordonnées géographiques :
49° 41' 063'' N - 0° 10' 003 E.
Hauteur totale : 37,9 mètres au-dessus du sol, 102 mètres au-dessus du niveau de la mer.
Optique tournante 4 panneaux, focale 0,70 m.
Éclairage par lampe halogène 650 W.
Feu 1 éclat 20 s. Portée 23,7 milles.

Ailly

Bâti sur le cap d'Ailly, aux abords de Dieppe, ce phare est constitué d'une tour carrée en maçonnerie de pierres apparentes supportant une lanterne verte, avec un bâtiment rectangulaire accolé à sa face sud-ouest.

Automatisé et non gardienné, il ne se visite pas.

Antifer

Situé sur le cap d'Antifer, à l'ouest-sud-ouest de Fécamp. Tour octogonale à faces incurvées en maçonnerie lisse accolée à la face ouest d'un bâtiment rectangulaire en maçonnerie lisse.

Mis en service en novembre 1955, automatisé et gardienné, il ne se visite pas.

La Hève

Ce nom vient du mot nordique « hew », qui signifie frapper « et rappelle les attaques constantes de la mer contre les hautes falaises crayeuses du nord de l'estuaire de la Seine [1] ».

L'embouchure du fleuve, avec ses hauts-fonds, sa barre et ses courants, est en effet un lieu particulièrement dangereux pour la navigation. Au point qu'au XIVᵉ siècle, à une époque où la construction des phares était rarissime, une tour à feu — nommée Tour des Castillans parce que les ports de Chef-de-Caux et d'Harfleur commerçaient essentiellement avec les Espagnols — fut édifiée sur la falaise du Groin-de-Caux. Elle demeura pendant quatre siècles le seul phare de la

côte normande. Ce n'est qu'au XVIIIᵉ siècle, après la disparition de la Tour des Castillans, engloutie dans la mer à la suite d'un effondrement de la falaise, que fut décidée la construction à La Hève non d'un phare, mais de deux, ce qui présentait l'avantage de constituer un alignement à 19° 50' qui, associé au clocher de Notre-Dame-de-

Ailly
Phare à terre.
Coordonnées géographiques :
49° 55' 014" N - 0° 57' 584 E.
Hauteur : 23,6 mètres, soit 84,3 mètres au-dessus du niveau de la mer.
Optique tournante à trois panneaux 1/5, focale 0,70 m. Éclairage par lampe aux halogénures métalliques 250 W. Feu à trois éclats groupés 20 s. Portée 31 milles.

1. *Louis Lacroix, « Les Écraseurs de crabes ».*

Phares de la Hève.

Grâce, permettait un accès plus sûr dans la passe. Les deux tours voisines, rigoureusement identiques — plan carré, parements en pierres de taille — étaient situées à une centaine de mètres du bord de la falaise et s'élevaient à 17 mètres au-dessus du sol, soit à 111 mètres du niveau de la mer. Leurs feux furent allumés en novembre 1775. Le combustible employé fut d'abord le charbon de terre, puis l'huile, avant qu'en 1863 La Hève ne devienne le premier phare électrifié de France. Mais, en 1944, les deux tours étaient détruites par l'artillerie des armées alliées au cours de la Libération...

Entreprise en 1947, la construction du phare actuel — tour en béton

La Hève
Phare à terre.
Coordonnées géographiques :
49° 30' 797" N - 0° 04' 236 E.
Hauteur totale : 32,15 mètres,
soit 102,50 mètres au-dessus du
niveau des plus hautes mers.
Optique tournante à
4 panneaux, focale 0,30 m.
Éclairage : lampes halogènes
de 650 W. Feu 1 éclat blanc 5 s.
Portée 27 milles.
Photo de gauche.

Ouistreham
Phare à terre.
Position géographique :
49° 16' 50" N - 0° 14' 52" E.
Hauteur : 38 mètres.
Optique : lentille 1/2,
focale 0,25 m. Éclairage
par lampe halogène
1 500 W. Feu à occultations
blanc et rouge 4 s. Portée
16 milles.

de forme octogonale à l'extérieur avec abri en encorbellement à la partie supérieure à laquelle on accède à la salle de veille par un escalier de 161 marches — s'acheva en octobre 1951.

Automatisé depuis 1988, il est gardienné, mais ne se visite pas

CALVADOS

Ouistreham

Construction cylindrique en granit, enduit et peinture blanche. Escalier de 171 marches.

Mis en service en 1905.

Automatisé et gardienné, il est visitable.

Ver-sur-Mer

Il y a incertitude sur la date de mise en fonctionnement (1908 ?), les archives de la subdivision ayant été détruites. Il est en tout cas possible qu'un premier phare — remplaçant un sémaphore du début du XIXᵉ siècle — ait été élevé dès 1836. Endommagé en 1944, l'établissement a été remis en état après guerre. La construction en moellons de calcaire enduits et peints en blanc est de plan carré et contient un escalier de 51 marches.

Le phare de Ver-sur-Mer a connu son heure de gloire en juin 1927 quand il a sauvé *America*, l'un des tout premiers avions effectuant la traversée de l'Atlantique avec des passagers. À court de carburant, l'appareil a pu se poser sur la plage de Ver, signalée par le feu dont le gardien avait dévié le faisceau.

Automatisé et télécontrôlé depuis Ouistreham, il ne se visite pas.

Ver-sur-Mer
Phare à terre.
Position géographique :
42° 20' 30" N - 0° 31' 6" W.
Hauteur au-dessus des hautes eaux : 42 mètres.
Optique : lentille à 6 panneaux, focale 0,50 m.
Éclairage par lampe halogène 650 W. Feu banc 3 éclats 15 s.
Portée : 26 milles
Photo au centre.

ICI FUT REÇU ET RÉCONFORTÉ
LE MATIN DU 1ᴱᴿ JUILLET 1927
L'ÉQUIPAGE DE L'AVION "AMERICA"
QUI VENAIT D'ATTERRIR SUR LA PLAGE
APRÈS SA TRAVERSÉE DE L'ATLANTIQUE

COTENTIN

Il suffit d'un coup d'œil sur la carte pour s'en convaincre : le Cotentin est un redoutable obstacle à la navigation. Si sa côte orientale est basse et régulière, sa côte occidentale, caractérisée par une alternance de promontoires et de baies, présente de réelles difficultés, accentuées par la présence au large des îles Anglo-Normandes, des îles Chausey et des Minquiers. Mais c'est surtout sa partie septentrionale, de la pointe de Barfleur à la pointe de la Hague, avec ses « nez », ses caps et la traîtrise des courants qui la cernent — celui du raz Blanchard, par exemple, est le plus violent de la Manche — qui constitue l'un des grands dangers de la mer la plus fréquentée du globe, théâtre au cours de l'histoire d'innombrables naufrages. Il faudra pourtant attendre la seconde moitié du XVIIIᵉ siècle pour que l'on s'avise d'y élever un phare, celui de Gatteville...

C'est en effet sous le règne de Louis XV qu'est décidée la construction d'une tour sur le rocher de la pointe de Barfleur, au large de laquelle s'étaient déroulés, entre autres événements fameux, le naufrage de la *Blanche-Nef,* où périrent trois cents marins et chevaliers, ces derniers appartenant à la fine fleur de la noblesse normande, et la bataille navale de La Hougue, qui vit en 1692 la défaite de la flotte française commandée par Tourville. Achevé en 1774, ce bâtiment en granit permettait de porter à 25 mètres de haut un feu de bois et de charbon, remplacé dès 1780 par un système de réverbères constitué de 16 lampes « fournies d'huile » installées dans une lanterne vitrée. Le premier phare de Gatteville est toujours debout — seule la lanterne a disparu — et sert aujourd'hui de sémaphore. Sa portée apparaîtra cependant vite insuffisante, et dès 1829, un édifice plus ambitieux est mis en chantier, avec pour objectif d'opérer la jonction lumineuse entre les phares de La Hève, au Havre, et de Sainte-Catherine, au sud de l'île de Wight. C'est en en 1834 que s'allumera le nouveau feu de Gatteville, à 71 mètres au-dessus du sol — on accède à la lanterne par un escalier de 365 marches éclairé par 52 fenêtres —, la hauteur totale de l'ouvrage, constitué de 11 000 blocs de granit taillés à la main étant de 76 mètres. Automatisé en 1984, il reste armé de deux contrôleurs qui ont la charge du télécontrôle des feux de la côte Est du Cotentin. Visites autorisées.

Pour l'anecdote : la commune sur le territoire de laquelle il est érigé est si fière de son phare qu'elle a obtenu d'être rebaptisée Gatteville-le-Phare...

Gatteville
Phare à terre.
Coordonnées géographiques :
49° 41' 50" N - 01° 15' 57" W.
L'optique de Fresnel est à
deux lentilles, quatre panneaux
1/4 jumelés,
focale 0,30 m. L'éclairage est
assuré
par des lampes de 1 600 W au
xénon, une par temps clair,
deux par temps
de brume. Feu à éclats blancs
10 s. Portée 29 milles.

La Hague

Cap Lévi
Phare à terre.
Position géographique :
49˚ 41' 48" N - 01˚ 28' 24"
Hauteur totale : 36 m.
Optique de type S.T.P.B.
en verre moulé à quatre
panneaux d'une focale 0,3
sur une monture aluminiu
L'éclairage est assuré par u
lampe halogène de 650 W.
à éclats rouges 5 s.
Portée 20 milles.

Les autres phares du Cotentin

Cap Lévi

Détruit en 1944, il a été reconstruit en 1947. La tour est de forme quadrangulaire à faces incurvées, maçonnées en pierre de granit rose. Les bâtiments d'habitation et d'exploitation sont séparés de la tour.

Automatisé en 1975, il ne se visite pas.

Fort de l'Ouest

Mis en fonctionnement en 1840, il est construit sur un fort militaire dans lequel les Phares et Balises occupent deux casemates. La tour est cylindrique en maçonnerie de pierre de granit.

Automatisation : 1986. Il est télécontrôlé depuis la subdivision de Cherbourg, et son énergie est fournie par deux aérogénérateurs alimentant un jeu de batterie de 110 v 500 Ah. Pendant les périodes sans vent, un groupe électrogène prend le relais. Il est équipé d'un radiophare et d'un signal sonore à détection automatique de brume.

Il ne se visite pas.

Fort de l'Ouest
Phare en mer.
Position géographique :
49° 40' 31'' N - 01° 38' 52'' W.
Hauteur totale : 20 mètres.
Optique 6 panneaux au 1/6 d'une focale de 0,30 m.
L'éclairage est assuré par une lampe halogène de 650 W.
Feu à éclats blancs et rouges 15 s. Portée 24 milles.

La Hague

Mise en fonctionnement : 1837. La construction est en maçonnerie de pierre de granit et se compose d'un soubassement cylindrique surmonté d'une tour également cylindrique.

Automatisation : 1990. Télécontrôlé depuis le siège de la subdivision de Cherbourg, il ne se visite pas.

La Hague
Phare en mer.
Coordonnées géographiques :
49° 43' 22'' N - 01° 57' 16'' W.
Hauteur totale : 52 mètres.
L'optique est du type BBT lentille à 4 panneaux au 1/4 d'une distance focale de 0,30 m.
Éclairage : une lampe de 250 W aux halogénures métalliques.
Feu à éclats blancs 5 s. Portée 23 milles.

Carteret

Mis en fonctionnement en 1830, ce phare est construit sur la falaise du cap de Carteret. Il est constitué d'une tour carrée en maçonnerie de pierres apparentes montée sur un bâtiment rectangulaire auquel est accolé le logement du contrôleur. Le signal sonore est installé dans la falaise et commandé depuis le phare par l'intermédiaire du détecteur de brume.

Automatisation : 1976. L'établissement étant le centre de télécontrôle des feux de Diélette, Carteret et Port-Bail ainsi que le centre de contrôle des stations RANA P17 et GPS différentiel, il reste gardienné, mais ne se visite pas.

Granville

L'établissement est situé à 750 mètres environ au nord-ouest de l'entrée du port de Granville, sur le roc de Granville ou cap Lihou. Mis en service en 1827, il a été endommagé en 1943 par les Allemands, qui, en outre, camouflèrent le phare — y compris l'optique — par une peinture verte. Il est constitué d'une tour cylindrique en pierres

Granville
Phare à terre.
Coordonnées géographiques : 48° 50' 07" N - 01° 36' 47" W.
Hauteur totale : 51, 98 mètres.
Optique : lentille à 4 panneaux au 1/6, focale 0,30 m.
Éclairage par lampe halogène 250 W. Feu blanc 4 éclats 15 s.
Portée 23 milles.

Carteret
Phare à terre.
Coordonnées géographiques : 49° 22' 27" N - 01° 48' 26" W.
Hauteur au-dessus du niveau de la mer : 84 mètres.
L'optique de Fresnel est à 6 panneaux au 1/6 d'une focale de 0,50 m. Éclairage par lampe aux halogènes de 660 W.
Feu à éclats blancs 15 s. Portée 27 milles.

apparentes et d'un bâtiment en maçonnerie lisse abritant le logement de gardien, la salle des machines et une chambre pour le personnel de passage.

Télécontrôlé depuis Chausey, il ne nécessite pas de présence humaine continue et ne se visite pas.

Chausey

À marée haute, l'archipel de Chausey compte 52 îles et îlots. À marée basse, l'estimation devient plus incertaine : 365, dit-on, autant que de jours de l'année. Mais il faut se méfier de ces chiffres trop parfaits... L'amplitude des marées est en tout cas telle — plus de 14 mètres — que la superficie de l'ar-

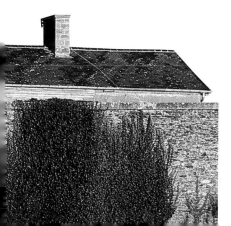

chipel peut être multipliée par soixante-dix... Inutile d'insister sur le danger qu'il représente pour la navigation. Seule la plus grande des Chausey — 2 kilomètres de long pour un maximum de 700 mètres de large — est habitée en permanence par moins d'une dizaine d'îliens. C'est sur elle que le phare a été construit.

Situé à l'extrémité sud-est de la grande île Chausey, mis en service en mai 1848, il a été endommagé en mars 1945 par des tirs d'obus allemands. Le chantier de réparations ne fut achevé qu'en 1950. Il est constitué d'une tour carrée en maçonnerie de pierres apparentes sur un bâtiment rectangulaire. Il est gardé en permanence par deux contrôleurs qui assurent en outre la surveillance par télécontrôle des phares de Granville et d'Agon ainsi que de quelques feux en mer. Les deux projecteurs qui éclairent la base du phare ne sont pas destinés à la navigation, mais à la protection des oiseaux migrateurs.

Phare d'île habitée, il est cependant classé comme phare en mer. Il ne se visite pas.

Chausey
Coordonnées géographiques :
48° 52' 13" N - 01° 49' 21" W.
Hauteur totale : 41,51 mètres.
Optique : lentille 4 panneaux
au 1/4, focale 0,30 m.
Éclairage par lampe halogénure
250 W. Feu à éclats blancs 5 s.
Portée 23 milles.

Ille-et-Vilaine Côtes-d'Armor

A l'ouest de la baie du Mont-Saint-Michel commence une formidable histoire d'amour et de mort entre les hommes et l'océan.

Récifs, raz, pointes déchiquetées, iles battues par des houles venues du bout du monde, brisants, hauts-fonds assassins et courants sournois, c'est à coups de griffes et de crocs que la Bretagne célèbre depuis des millénaires ses noces barbares avec la mer. Non qu'elle ne sache être lumineuse et tendre. Quand s'apaise la fureur des vents, quand le soleil fait chanter les cirés jaunes, les filets bleus, le granit rose et les façades blanches des maisons, alors oui, la Bretagne est toute douceur et toute gaieté. Mais sans doute est-ce sa face sombre, celle du grand fracas des tempêtes, des navires en perdition et des veuves noires guettant près d'un calvaire le retour d'une voile, qui parle le plus à l'imagination.

Que ses côtes figurent parmi les plus dangereuses du globe, aucun navigateur ne l'ignore. Sein, Ouessant, Fromveur ou la baie des Trépassés appartiennent aux légendes farouches de la mer. C'est pourquoi les marins bre-tons ont toujours fait partie de l'aristo-cratie des coureurs d'océan, pêcheurs hauturiers, corsaires, flibustiers ou découvreurs de nouveaux mondes... C'est pourquoi — la mer étant pour eux à la fois source de vie et cimetière — ils ont pu être simultanément sauveteurs intrépides et naufrageurs impitoyables. C'est pourquoi enfin les phares bretons tiennent une place à part dans l'histoire de la pharologie : les défis qu'ont repré-sentés la construction d'Ar-Men ou des Héaux-de-Bréhat ou les exploits mécon-nus des gardiens de la Jument ou de Kerdonis valent les aventures maritimes les plus héroïques. De la pointe du Grouin à l'estuaire de la Vilaine, ce sont 46 phares — soit plus du tiers de ceux que l'on trouve en France — qui signa-lent les côtes bretonnes. Les rocs dévo-reurs d'hommes, dont les dents ont durant des millénaires déchiré les chairs et éventré les coques ont été un à un vaincus et banderillés de feux, de tourelles et de balises... Comme celle des baleiniers, peut-être cette épopée trouvera-t-elle un jour son Herman Melville...

Le Herpin © *Éditions Jack*   Rochebonne © *D. Mingant*   La Balue © *D. Mingan*

Le Herpin
Phare en mer.
Coordonnées géographiques :
48° 43' 48" N - 01° 48' 55" W.
Hauteur du plan focal :
24,50 mètres.
Optique fixe, focale 0,50 m.
Éclairage
par lampe halogène 150 W.
Feu blanc
à 2 occultations 6 s.
Portée 17 milles.

Rochebonne
Phare à terre.
Coordonnées géographiques :
48° 40' 18" N - 01° 50' 42" W.
Hauteur du plan focal :
19,90 mètres.
Optique fixe, focale 0,50 m.
Éclairage par lampe halogène
250 W. Feu rouge fixe.
Portée 24 milles.

La Balue *Phare à terre.*
Coordonnées géographiques :
48° 37' 38" N - 02° 00' 15" W.
Hauteur du plan focal :
31,50 mètres.
Optique fixe, focale 0,50 m.
Éclairage par lampe halogène
250 W. Feu vert fixe.
Portée 25 milles. Aide radioélec-
trique de type SYDELIS
installée dans la tour.
© *D. Mingant*

ILLE-ET-VILAINE

Le Herpin

Construit sur la roche de la Pierre du Herpin, à 2 800 mètres environ au nord-est de la pointe du Grouin, sur la commune de Cancale, ce phare a été mis en service en 1882. Il est constitué d'un fût circulaire de cinq étages sur rez-de-chaussée. Initialement au pétrole, il a été électrifié en 1970. Il a été doté en 1909 d'une corne de brume, rénovée en 1932, supprimée en 1954 pour réduire la consommation d'énergie, et remise en service en 1964.

Automatisé, télécontrôlé, il est non gardienné et non visitable.

Rochebonne

Mis en service en 1867, il fut détruit durant la Seconde Guerre mondiale, et reconstruit sous sa forme actuelle en 1948. Sa tour carrée est flanquée d'une maison à usage de logement. Une aide radioélectrique de type SYDELIS y est installée.

Automatisé, télécontrôlé, non gardienné — bien que le logement de fonction soit occupé — il ne se visite pas.

La Balue

Situé à la sortie de Saint-Servan, près des routes de Dinard et de Rennes, ce phare mis en service en 1867, électrifié en 1920, fut détruit pendant la Seconde Guerre mondiale et reconstruit en 1948. Il comporte une tour carrée et une maison à usage de logement.

Automatisé, télécontrôlé, non gardienné — bien que le logement de fonction soit occupé — il ne se visite pas.

Bas-Sablons

Situé dans les anciens quartiers de Saint-Servan, et bien que s'élevant près de la Cité d'Alet, ce phare fut le seul à échapper à la destruction lors du débarquement de 1944. Il s'agit d'une tour carrée en maçonnerie avec logement de fonction actuellement non habité. Sa mise en service date de 1912.

Automatisé, télécontrôlé, non gardienné, il ne se visite pas.

Le Grand Jardin

Bâti à la sud de l'écueil du Grand Jardin, à 5 000 mètres dans le nord-ouest de l'entrée du port de Saint-Malo, ce phare constitue, avec celui de Rochebonne, l'alignement du chenal de la « Grande Porte », et avec celui de La Balue, l'alignement du chenal de la « Petite Porte ». Sa construction initiale remonte à 1865, et le premier allumage du feu à huile, qui l'équipait alors, est intervenu en 1868. En 1920, lors d'une première rénovation, le pétrole est substitué à l'huile. En août 1944, les Allemands le dynamitent. Il faudra attendre l'été 1950 pour qu'il soit de nouveau allumé, puis avril 1979 pour que commence son électrification.

Automatisé, télécontrôlé, non gardienné depuis 1982, il ne se visite pas.

Bas-Sablons
Phare à terre.
Coordonnées géographiques :
48° 38' 12" N - 02° 01' 19" W.
Hauteur du plan focal :
14,50 mètres.
Optique fixe, focale 0,25 m.
Éclairage par lampe halogène
150 W. Feu vert fixe.
Portée 18 milles.

Le Grand Jardin
Phare en mer.
Coordonnées géographiques :
48° 40' 14" N - 02° 04' 59" W.
Hauteur du plan focal :
24,46 mètres.
Optique tournante, focale 0,35 m. Éclairage par lampe 90 W.
Feu rouge à 2 éclats 10 s.
Portée 15 milles.

CÔTES-D'ARMOR

Cap Fréhel

Pour éclairer les abords de Saint-Malo, dont le commerce était alors considérable, les Malouins édifièrent vers 1650 une tour sur l'île des Ehbiens. Mais ils s'aperçurent bientôt que cette position n'était pas assez avancée en mer, et construisirent en 1695, sur les conseils de Vauban, et sur le même plan que celle du Stiff d'Ouessant, une autre tour sur le cap Fréhel. Ce n'est qu'en 1793 que l'État prit en charge l'entretien du phare. Les problèmes d'humidité de la tour exécutée en moellons bruts sont à l'origine du deuxième établissement, dû à Léonce Reynaud. Il fut construit à partir de 1845 et allumé le 1ᵉʳ mai 1847.

Dès 1940, le phare fut entouré de blo-khaus et de nombreux autres éléments défensifs, une petite voie ferrée étant même installée pour le transport de matériaux. À la Libération, les Allemands firent sauter le phare avant de se rendre.

Le phare actuel, constitué d'une tour carrée en maçonnerie de pierres apparentes avec soubassement en granit sur un bâtiment en forme de U fut construit à partir de décembre 1946, et mis en service le 1ᵉʳ juillet 1950. Il est situé sur un site classé.

Non automatisé, il est gardienné et visitable.

Cap Fréhel
Phare à terre.
Coordonnées géographiques :
48° 41' 104" N - 02° 19' 045 W.
Hauteur de la tour : 33 mètres.
Optique tournante à
4 panneaux, distance focale
0,50 m. Éclairage par lampe
halogène 1 000 W. Feu blanc
2 éclats 10 s. Portée 29 milles.

Grand Léjon
Phare en mer.
Coordonnées géographiques :
48° 44' 965" N - 02° 39' 794 W.
Hauteur de la tour :
25 mètres.
Optique à 5 panneaux, focale
0,30 m. Éclairage par lampe
halogène 40 W. Feu blanc et
rouge 5 éclats 20 s.
Portée 18 milles.

Grand Léjon

Situé à l'entrée de la baie de Saint-Brieuc, à 9 milles au large du port de Saint-Quay-Portrieux, le phare actuel — une tour légèrement tronconique en maçonnerie de pierres apparentes comportant deux plates-formes — fut mis en service en juin 1881. Il remplaçait une tour, surmontée d'un mât en ballon, achevée en 1862, et dont la construction avait présenté de grandes difficultés.

Il a été électrifié en juin 1987. Automatisé, télécontrôlé depuis Lézardrieux, non gardienné, il ne se visite pas.

Roches-Douvres

Situé à 16 milles environ au nord-nord-est de l'extrême pointe des îles de Bréhat, ce phare est le plus éloigné des côtes en Europe. Sa construction, comme celle des Héaux-de-Bréhat (voir page suivante), représente un tour de force technique et humain de première grandeur : le plateau rocheux des Roches-Douvres est en effet entièrement recouvert par la haute mer, fréquemment balayé par des tempêtes terribles, et parcouru par des courants d'une rare violence. Ce n'est qu'en 1867-1868 qu'on réussit à y bâtir un phare, alors que le projet datait de 1825. Son architecture révolutionnaire — c'était une tour métallique de 57 mètres de hauteur constituée de poutrelles de fer sur laquelle une enveloppe de tôle était boulonnée — lui avait valu d'être assemblé aux Buttes-Chaumont pour l'Exposition universelle de 1867, avant d'être démonté, puis remonté, comme un jeu de mécano, sur son emplacement définitif. Mais si la construction avait été aisée, la tour fut décevante à l'usage : constamment humide à cause de la condensation sur le métal, trop souple et oscillant donc dangereusement sur sa base par vent fort, elle était de surcroît malsaine et bruyante pour les malheureux qui y étaient affectés. Elle resta pourtant en service soixante-dix-sept ans, jusqu'à sa destruction en 1944 par les Allemands. Lors de la reconstruction, de 1948 à 1954, il ne fut pas plus question qu'en 1867 de transporter chaque jour les ouvriers du continent au chantier. Aussi les installa-t-on dans une ancienne barge de débarquement, le *Titan,* où dans des conditions de confort que l'on

Ile Harbour.
Feu.

devine fort approximatives, ils dor-
maient et prenaient leurs repas. À plusieurs reprises, le *Titan* dut larguer les
amarres pour fuir la tempête et aller se
réfugier à Trieux, et en 1951, deux naufrages furent évités de justesse...

    Les Roches-Douvres — une tour
cylindrique en maçonnerie de béton
et de briques avec parements de granit rose s'élevant sur un soubassement ovale de 20 mètres de hauteur —
est aujourd'hui l'un des derniers
phares en mer gardiennés. Mais son
automatisation est prévue. Il ne se
visite pas.

Roches-Douvres
Phare en mer.
Coordonnées géographiques :
49° 06' 361" N - 02° 48' 765 W.
Hauteur totale : 65 mètres.
Optique tournante 2 x 4
panneaux, focale 0,30 m.
Éclairage par 2 lampes
aux halogènes métalliques
250 W. Feu blanc 1 éclat 5 s.
Portée 24 milles.

Rosédo
Phare d'île habitée.
Coordonnées géographiques :
48° 51' 508'' N - 03° 00' 211 W.
Hauteur de la tour : 13 mètres.
Optique à 4 panneaux, focale
0,15 m. Éclairage par lampe
halogène 180 W. Feu blanc
1 éclat 5 s. Portée 20 milles.

Rosédo

Situé dans la partie nord de l'île de Bréhat, le phare actuel — une tourelle rectangulaire en maçonnerie dont une face est arrondie, avec corps de logis — a été construit de 1947 à 1948, en remplacement de celui qui, mis en service en 1860, fut entièrement détruit pendant la dernière guerre.

Non automatisé, gardienné, il ne se visite pas.

Héaux-de-Brehat

La construction du phare des Héaux-de-Bréhat est de celles qui ont nourri la saga des bâtisseurs de la mer. La Commission des Phares avait hésité entre un îlot en mer et le continent, lorsque la nécessité de rendre plus sûr le débouché occidental du golfe de Saint-Malo s'était imposée. Finalement, le choix se porta sur un rocher situé dans une zone de récifs connus

Feu de la Croix

Feu du Paon

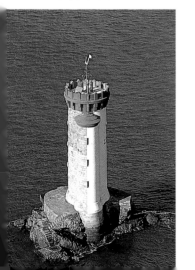

sous le nom d'Épées de Tréguier. Il s'agit d'un plateau de porphyre entièrement submergé à marée haute, à l'exception de quelques aiguilles particulièrement dangereuses. Ajoutons que le rocher est défendu par des courants violents, de 8 à 10 nœuds, et par des déferlantes redoutables dès que la mer se lève.

La construction fut cependant menée tambour battant, comme une sorte de campagne militaire, avec une troupe dont l'effectif oscilla entre 30 et 60 hommes, ayant pour général un des ingénieurs les plus fameux de l'histoire de la pharologie, Léonce Reynaud. Commencés en 1836, les travaux étaient achevés en 1839. Quatre campagnes avaient suffi, ce qui constitue un exploit scientifique, technique et humain de première grandeur.

Léonce Reynaud établit son camp de base dans l'île de Bréhat, à une dizaine de kilomètres de l'emplacement choisi, où il installa son PC. Deux aiguilles de porphyre à proximité de l'emplacement choisi restaient émergées en permanence. Il les fit relier par une sorte de courte digue et, sur cette assise, fit construire une plate-forme qui s'éleva finalement à 4 mètres au-dessus des plus hautes mers et sur laquelle on bâtit un abri pour les ouvriers. L'ingénieur avait prévu qu'une trentaine d'hommes demeureraient sur la plate-forme ainsi aménagée. Mais leur nombre s'éleva parfois jusqu'à 60. Autant dire que les conditions d'existence furent pour le moins spartiates : le dortoir consistait en une pièce de 27 mètres carrés principalement « meublée » de hamacs étagés sur deux rangs de hauteur, chaque homme disposant d'un espace de 2 mètres de long sur 65 centimètres de large. Une seconde pièce, qui servait dans la journée de réfectoire, était aménagée la nuit en dortoir, suivant le même principe...

Pourtant, en bon général, Léonce Reynaud prit un soin extrême de la santé des 60 baroudeurs qu'il avait envoyés au front : nourriture contrôlée pour éviter le scorbut, aération quotidienne des hamacs, bain hebdomadaire

Héaux-de-Bréhat
Phare en mer.
Coordonnées géographiques :
48° 54'-563'' N - 03°-05' 094-W.
Hauteur de la tour : 57 mètres
(décapitée en août 1944 par
les Allemands, elle a été
surélevée d'un étage lors de sa
reconstruction).
Optique horizon, focale 0,50 m.
Éclairage par lampe halogène
180 W. Feu à 3 occultations
bleue, rouge et vert
Portée 15 milles.

Gardien en haut du phare d'Ar-Men.

Des hommes au service des marins

Le Service des Phares et Balises a été créé par la loi du 15 septembre 1792. Le Bureau des Phares et Balises — c'est sa nouvelle dénomination — est aujourd'hui rattaché à la Direction centrale des Affaires maritimes au sein du ministère de l'Équipement, du Logement, des Transports et du Tourisme. Sa mission fondamentale est de déterminer les besoins, et de définir les moyens à mettre en œuvre pour les satisfaire. Dans la pratique, ce sont soit les utilisateurs, soit les ingénieurs du littoral qui sont à l'origine du balisage. Les utilisateurs signalent les problèmes qu'ils rencontrent pour naviguer en toute sécurité, les ingénieurs tentent en permanence d'améliorer la signalisation côtière. Chaque projet est soumis à une Commission nautique locale, qui réunit des représentants de l'administration — Phares et Balises, Affaires maritimes, Marine nationale — et des utilisateurs — pilotes, pêcheurs, plaisanciers, commandants de navires de la Marchande. S'il est adopté, il faudra mener des études nouvelles, acquérir du matériel, le tester parfois en laboratoire : c'est le rôle du Service technique de la Navigation maritime, des Transmissions et de l'Équipement, qui emploie plus de 200 personnes. Quant à la mise en place sur le terrain, elle sera assurée par les agents des Phares et Balises : 250 ouvriers de parc pour la pose des équipements, 257 « contrôleurs des Travaux publics de l'État, spécialité Phares et Balises » — appellation officielle, des gardiens de phares — pour l'installation des appareils électriques et optiques, la surveillance des feux et le gardiennage des phares. Enfin, 280 inscrits maritimes arment les moyens navals du service — baliseurs, bateaux de travaux ou vedettes — qui mouillent et entretiennent les bouées, transportent les hommes

Relève au phare de Kéréon.

48 | Pas de relève. mauvais temps de sud Ouest.
00 | 18h15. Coup de feu - Arrêt de la rotation.
Changé valve fusible feu n°2 et générateur.
Continue les travaux pour la remise en fonction

3ème quart 12h00 à 18h00 GRIFFON
14h20 Vedette au phare avec les ouvriers et un artificier
15h00 Vedette au phare avec Mr LE ROUX et le chef de Tran...
16h00 L'artificier fait sauter deux roches à la dynamite
Dégats causés : 3 carreaux cassés et l'entretoise d'une fenêtre
17h45 Départ de Mr LE ROUX et des ouvriers
3ème quart 18h00 à 24h00 BUREL
Propreté des locaux - Nettoyage des glaces intérieures de la lanterne

Phare de la Jument.

Relève aux Pierres-Noires.

et le matériel, assurent les relèves. Tous ces agents sont gérés par des fonctionnaires qui, depuis les bureaux, préparent les projets et accompagnent leur réalisation. Au total, ce sont donc plus de 1 100 personnes qui travaillent, en liaison avec les marins, pour la sécurité de la navigation. Si, dans ce domaine, d'immenses progrès ont déjà été réalisés au cours des dernières décennies, les perspectives d'avenir sont particulièrement encourageantes : automatisation progressive des phares d'accès dangereux, utilisation des énergies douces — vent et soleil — pour l'alimentation des établissements lumineux, amélioration — surtout grâce aux satellites — des aides techniques à la navigation... Le personnel des Phares et Balises est enfin fréquemment amené à rendre des services aux terriens : les groupes électrogènes des phares fournissent du courant aux habitants de certaines îles, des matériels volumineux sont parfois transportés par les baliseurs. Et, comme le Bureau des Phares et Balises ne pourra jamais garantir à 100 % la sécurité des navires, il gère un important stock de barrages et de récupérateurs d'hydrocarbures pour lutter contre les pollutions accidentelles. Pour guérir ce qu'il n'a pu — exceptionnellement — prévenir...

Relève à Cordouan.

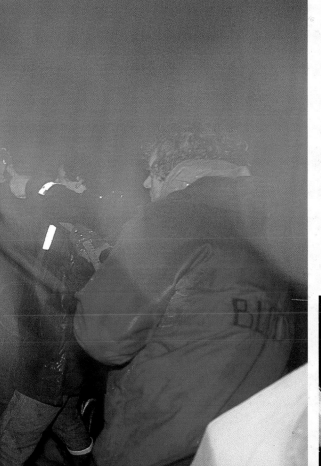

Feu du Lost-Pic

obligatoire. L'état de santé des ouvriers resta en tout cas remarquable durant les quatre campagnes de construction, meilleur peut-être que dans leurs conditions habituelles de vie...

La base opérationnelle de Bréhat était prête, les moyens logistiques opérationnels, les hommes de première ligne au contact, l'offensive pouvait commencer.

Le granit taillé à l'Ile-Grande, îlot situé à 20 milles environ de Bréhat, la chaux en provenance du bassin de la Loire, le bois acheminé de Saint-Malo, les vivres et l'eau venus en partie du continent, tout fut débarqué au fur et à mesure des besoins à Bréhat. Dans les ateliers de l'île, tailleurs et charpentiers façonnaient les matériaux qui, une fois répertoriés et numérotés, étaient envoyés sur le rocher par un va-et-vient de bateaux, loués pour certains à des pêcheurs locaux.

À part quelques incidents mineurs, et somme toute bien ordinaires, comme une tempête qui, en 1836, balaya tous les préparatifs à la veille de la pose de la première pierre, sous les yeux souriants des marins « qui n'avaient jamais voulu croire à la possibilité de la construction », écrit un journaliste de l'époque ; comme aussi quelques embarcations coulées et un nombre raisonnable de blessés légers, l'érection de la tour se déroula sans heurts et surtout sans mort d'homme.

« Chaque jour, dès que la mer s'était retirée, les ouvriers se rendaient au travail, et les heures des repas étaient combinées de manière qu'ils ne fussent point distraits pendant toute la marée. Au moment où la mer, en remontant, allait les forcer à se retirer, une cloche donnait le signal. On se hâtait de couvrir avec du ciment (à prise rapide) les portions de maçonnerie qui venaient d'être terminées, et l'on courait se réfugier dans les logements. Il arrivait cependant que la mer montait avec une rapidité inusitée ; malheur alors aux retardataires, car ils n'avaient d'autre ressource que de se jeter bien vite à l'eau avant que la profondeur fût devenue dangereuse : c'était un divertissement de tous les jours, le seul sans doute... »[1] Heureusement pour Léonce Reynaud que l'idée de quelconques lois sur la sécurité du travail n'ait alors qu'à peine germé... L'ingénieur gagna la gloire, une chaire à Polytechnique et la direction du Service des Phares et Balises. Les ouvriers gagnèrent l'oubli, 3 francs par jour environ — sur lesquels ils devaient payer leur nourriture — et peut-être l'habitude du bain hebdomadaire...

Mais qu'importe. En 1839, la lanterne était posée, et ce qui compte, c'est ce que tous les marins gagnaient : un surplus de sécurité. Ce phare de 51,10 mètres, élevé en dépit de difficultés très sérieuses, était un modèle de réussite. « Il a la simplicité sublime d'une plante marine », écrit Michelet.

Automatisé, télécontrôlé, non gardienné depuis 1982, il ne se visite pas.

1. « Magasin pittoresque », 1839.

46

Sept-Iles
Phare en mer.
Coordonnées géographiques :
48° 52' 780" N - 03° 29' 316 W.
Hauteur de la tour : 20 mètres.
Optique tournante à
3 panneaux, focale 0,30 m.
Éclairage par lampe halogène
650 W. Feu blanc 3 éclats 15 s.
Portée 24 milles.

Bodic

Situé sur la rive gauche de la rivière du Trieux, le phare actuel a été construit de 1947 à 1949, en remplacement d'un établissement antérieur, mis en service en 1867, et détruit en 1944. Il s'agit d'une tour cylindrique en maçonnerie lisse, accolée à un mur de façade trapézoïdal en maçonnerie lisse avec chaines d'angles en pierres apparentes.

Gardienné, il ne se visite pas.

Sept-Iles

À une dizaine de kilomètres au nord de Perros-Guirec, l'archipel des Sept-Iles est depuis 1912 une réserve ornithologique de première importance. L'île Rouzic est en particulier célèbre pour sa colonie de Fous de Bassan, l'une des plus importantes d'Europe. Il est interdit de débarquer dans l'archipel, sauf à l'île aux Moines — qui tire son nom du souvenir d'une congrégation de Cordeliers qui l'occupa au XVᵉ siècle — où le phare a été éta-

Bodic
Phare à terre.
Coordonnées géographiques :
48° 48' 805" N - 03° 08' 379 W.
Hauteur de la tour : 23 mètres.
Optique de direction,
focale 0,15 m. Éclairage par
lampe halogène 90 W.
Feu scintillant blanc.
21 milles.

Un peintre à la mer...

Atypique ? Sans doute... On s'attendait à un visage de granit et d'embruns, une tête de roc taillée pour briser les plus mauvaises déferlantes... Il a pourtant une gueule, une vraie, même si ce n'est pas celle qu'on attendait... Une gueule de poète au regard ébloui d'horizon, d'aventurier rêveur à la Corto Maltese... Atypique ? Certainement... Etre né à Domfront, au cœur campagnard de l'Orne, ne conduit pas nécessairement à une carrière de gardien de phare... Et pourtant... À 46 ans, François Jouas-Poutrel peut déjà revendiquer vingt-cinq ans consacrés à la passion de sa vie, les phares en mer : il y habite, il en rêve quand il n'y habite plus, il les peint quand il a cessé d'en rêver ou d'y habiter... « J'ai toujours été fasciné par la mer. Pourquoi ? Je ne sais pas... Peut-être à cause d'un grand-père qui vivait à Paimpol... Peut-être aussi grâce à des lectures d'écoliers... Je me rappelle encore avoir été ému par l'histoire des deux enfants du gardien de Kerdonis qui tournèrent à la main une nuit entière l'optique du phare, pendant que leur mère veillait le corps de leur père mort quelques instants avant l'allumage du feu... » Une carrière dans la marine marchande lui est interdite : problèmes de vue, lui dit-on... Ah, bon... Les peintres de talent auraient donc des problèmes de vue ? Pour ce dévoreur de livres à qui l'on refuse d'être un dévoreur d'océan, ce sera donc la fac de lettres... Pas pour longtemps, deux ans seulement. L'appel de la mer est le plus fort... Les

Phare des Roches-Douvres à la manière de Miro. François Jouas-Pou

Bouées sur le môle des Phares et Balises à Lézardrieux. Huile sur toile. Claude Tollari, gardien du phare de Rosédo (Ile de Bréhat).

navires qui vont de port en port lui sont refusés... Qu'importe... Restent encore ces grands navires immobiles que sont les phares, et qui ont tant fait rêver son adolescence. À 21 ans, le voici gardien auxiliaire au Triagoz. « Quand vous sortez de la fac, les relations humaines ne sont pas faciles, au moins au début. « L'intellectuel », qui plus est d'origine terrienne, n'a pas forcément bonne

Tourelle automatisée. Aquarelle. Hervé Le Poec, contrôleur phares et balises à Lézardrieux.

Phare des Sept Îles. « Le saint moine » anonyme qui veill encore sur l'île. François Jouas-Poutrel.

presse chez les collègues. D'autant qu'un livre sur Ar-Men, écrit par un ex-universitaire devenu gardien comme moi, avait été fort mal accueilli dans le milieu. » Il s'accroche, et les postes se succèdent : les Sept-Iles, les Héaux-de-Bréhat, le Grand-Léjon, les Roches-Douvres, et de nouveau les Sept-Iles… Des phares en mer, uniquement… « Pourquoi eux ? Sans doute parce qu'on

La panne d'électricité. 1996. Acrylique sur toile, 920 x 600. Jules Paressant. Photo Enrico Cocquio.

y trouve la quintessence de ce qui fait la noblesse du métier : la solitude, le risque, la certitude d'assurer un authentique service, d'être la lumière qui guide et qui parfois sauve. Il y a aussi l'angoisse toujours renouvelée des départs, et la joie toujours neuve des retours, et cette sérénité que seul le grand large peut donner. Pourquoi la mer fascine-t-elle autant ? Qui connaît la réponse ? Demandez à un pêcheur à la retraite, qui a sa vie durant pesté contre la dureté du métier, et qui pourtant va rêver chaque jour à la pointe de la jetée… » Quand il évoque la longue solitude des veilleurs d'océan, François Jouas-Poutrel sait de quoi il parle : il a servi 21 ans aux Roches-Douvres, le phare la plus éloigné des côtes d'Europe, haute tour rose plantée au milieu des tempêtes par la volonté acharnée des hommes… « Par beau temps, il faut trois heures pour s'y rendre. Il nous est arrivé d'être secoués huit heures

Phare des Roches-Douvres à la manière d'une icône. François Jouas-Poutrel.

Ploumanac'h. Phare de Mean Ruz. Acrylique sur bois d'épave. Françoise André, une des deux femmes en France qui effectue des remplacements dans les phares en mer.

avant de pouvoir y débarquer. Sans compter les jours où le bateau de relève a dû faire demi-tour… » Les quelques milliers de mètre carrés qui entourent le phare des Sept-Iles, où il sert aujourd'hui, lui semblent être, en comparaison de l'enfermement obligé dans le cylindre des Roches-Douvres, une sorte de planète aux ressources infinies : des landes, des rochers, des plages mangées par les vagues, les ruines d'un vieux fort, des oiseaux criards, et l'immense théâtre des nuages et des houles qui se disputent l'horizon… Alors, inlassablement, il parcourt son minuscule domaine, carnet de croquis à la main… Crayon, fusain, aquarelle, acrylique, tout lui est bon pour voler une lumière sur un vieux pan de mur, une explosion d'écume sur un écueil, une ombre couchante dans un ciel d'orage… Un gardien de phare peintre ? Vous plaisantez… Pas du tout… Les longues solitudes portent les hommes à fouiller jusqu'au plus profond d'eux-mêmes. On ne connaît pas de gardien qui n'ait fini par se découvrir un talent. Auguste Carvennec, à force d'acharnement, a fini par produire à l'abri d'un mur des Sept-Iles les pommes de terre les plus sublimes que l'on puisse goûter : en un temps où la purée de Robuchon fait courir l'Europe, on se demande pourquoi ce génie-là ne serait pas reconnu… Gérard Milon met des bateaux en bouteilles. Art mineur, c'est d'accord… Mais allez voir ce qu'il fait, et vous changerez peut-être d'avis… François Jouas-Poutrel peint, et comme ses collègues, il ne fait rien à moitié. De ses seuls carnets de croquis, on pourrait faire une exposition qui tient la route. Ses tableaux de phares « à la manière de… » sidèrent par leur exactitude et leur humour. Quant à sa vraie passion, la peinture d'icônes, il y a déjà consacré pendant dix ans la plupart de ses congés, suivant des stages au Centre d'études russe de Meudon avec l'un des plus grands maîtres mondiaux, le père Sendler, voyageant de Venise à Moscou et à Istanbul pour étudier les mosaïques byzantines…
Si, en débarquant sur l'île aux Moines, vous le croisez, cheveux au vent, protégeant des embruns un carnet de croquis, vous saurez que vous aurez surpris François Jouas-Poutrel traquant l'ultime vérité de sa lande rocheuse… et de sa vocation de gardien de phare…

Gérard Milon. Gardien du phare des Sept-Îles.

bli. Celui-ci n'est en fait que le troisième de l'histoire : le premier, allumé en mai 1835, ayant vite été jugé insuffisant, un deuxième sera mis en service en septembre 1854, le foyer étant exhaussé de 5 mètres grâce à la construction d'une tour carrée accolée à la tour ronde existante. Le 4 août 1944, les Allemands le détruisent avant leur départ. Reconstruit à partir de 1949, il sera rallumé en juillet 1952. En 1957, les premiers essais d'utilisation d'un aérogénérateur pour l'alimentation électrique d'un phare y sont réalisés. Il utilise toujours l'énergie éolienne, et son aérogénérateur reste le plus puissant dans un phare en France. À proximité de la tour s'élèvent les ruines d'un fort bâti au XVIIIᵉ siècle pour lutter contre le piratage et la contrebande.

Phare des Sept-Îles.

Il est l'un des derniers phares en mer gardés des côtes françaises et se visite.

Triagoz

Situé sur un rocher isolé en mer, l'écueil de Guen Bras, au nord de la baie de Lannion et à 6,5 milles du port de Ploumanach, ce phare dont la construction fut extrêmement difficile a été mis en service en novembre 1864. Il se présente comme une tour carrée exécutée en moellons, avec chaînes et corniches en pierres de taille, sur un large soubassement en maçonnerie avec échauguettes. Il a été électrifié en 1981, et son ancienne lanterne orne aujourd'hui l'entrée de la subdivision des Phares et Balises de Lézardrieux.

Automatisé, télécontrôlé, non gardienné, il ne se visite pas.

Le parcours d'une combattante

Regard humoristique d'un collègue : le tablier de Françoise est un élément inhabituel dans un bastion masculin.

© Francois Jouas-Poutrel.

Triagoz
Phare en mer.
Coordonnées géographiques :
48° 52' 344" N - 03° 38' 713 W.
Hauteur de la tour : 29 mètres.
Optique horizon, focale 0,25 m. Éclairage par lampe halogène 180 W. Feu 2 occultations blanc et rouge 6 s. Portée 14, 5 milles.

Est-ce parce que les premiers gardiens de phares furent des prêtres et des ermites ? Toujours est-il que les Phares et Balises n'ont jamais manifesté d'enthousiasme à accepter que des femmes entrent dans le métier. Sur 257 « Contrôleurs des Travaux publics de l'État, spécialité Phares et Balises » — dénomination officielle des gardiens — elles ne sont encore aujourd'hui que deux, Françoise André et Sylvie Chalumeau. Et le moins qu'on puisse dire est qu'elles n'ont pas été accueillies à bras ouverts. « Si c'était à refaire, je renoncerais, affirme Françoise André. Je n'imaginais pas que le simple fait de vouloir exercer un métier dans la fonction publique, qui selon la loi est pourtant accessible à tous sans discrimination de sexe, allait me valoir autant de difficultés. » Titulaire d'un BEP en mécanique et de deux CAP — en tournage et en électromécanique — elle se présente avec succès en 1982 au concours d'entrée du Centre de Formation des Électromécaniens de Phares de Brest. Elle a 22 ans, et toutes ses illusions. Pas pour longtemps... « J'ai fait tout ce que j'ai pu pour que vous ne soyez pas là. Vous êtes là. On fera avec... », lui dit le subdivisionnaire de Brest. L'année de formation sera un calvaire. « Nous étions dix-huit, et j'étais évidemment la seule femme. On me tenait systématiquement à l'écart. J'étais pour tous la femme à abattre. » Mais Françoise André a du caractère. Elle s'accroche, et obtient son diplôme en février 1984. Pour s'entendre dire par le même subdivisionnaire : « Je ne veux pas vous voir dans un phare... » Et elle est en effet nommée... à Aurillac, dans le Cantal ! Un gardien de phare en poste à des centaines de kilomètres de la mer... Ce n'est pas un gag. Les Phares et Balises ont à l'époque en charge un système Decca destiné originellement à l'aviation civile, mais utilisé, malgré la distance, pour guider les navires dans le golfe de Gascogne. Le coup est rude pour une Bretonne amoureuse de la mer. Cette fois, elle n'est pas loin de craquer. Mais elle demande obstinément sa mutation, et finit par l'obtenir en 1986 à Lézardrieux, dans les Côtes-d'Armor, dont elle est originaire. Ce n'est pas pour autant qu'on cesse de la punir d'être une femme : « Pas de poste en mer pour vous », lui dit-on. « L'idée qu'une femme puisse se retrouver seule dans un phare avec l'un d'entre eux semblait inimaginable aux hommes. Comme si toute femme était un danger en puissance. À la limite, ils auraient accepté qu'un phare soit servi par une équipe de femmes. Mais on aurait dit que le face à face avec une femme les terrorisait... » Mariée avec un agent des Phares et Balises, puis mère d'une petite fille, elle commence à penser que le milieu l'a enfin acceptée. En accord avec son mari, qui s'occupera de l'enfant pendant ses absences, elle pose en 1992 sa candidature pour servir aux Roches-Douvres, le phare le plus éloigné des côtes d'Europe. « On aurait dit que j'avais allumé un bâton de dynamite... Une vraie levée de boucliers... A mon insu, une pétition, signée par certaines épouses de gardiens, a immédiatement été lancée contre ma candidature. » Ce sera évidemment un homme qui obtiendra le poste ! Il lui faudra attendre 1995 pour qu'enfin son premier service dans un phare lui soit consenti. « L'arrivée cette année-là d'un nouveau contrôleur principal, Emilio Sarrat, a tout changé. Sans se soucier de l'opinion, il a décidé que je servirais dans les phares au même titre que mes collègues masculins... » En août de cette même année, elle assure sa première relève aux Sept-Îles. « Je tremblais en arrivant. Mais mon collègue autant que moi... », dit-elle en riant.
« Il est vrai qu'au départ, nous étions tous contre », se rappelle un gardien de phare qui sert souvent aux Sept-Îles avec Françoise André. « Nous avions des préventions absurdes, nous fantasmions sur des sortes de lupanars en mer... Mais Françoise a tellement prouvé qu'elle était bonne, meilleure même que beaucoup d'entre nous, que quiconque aujourd'hui s'aviserait de la critiquer se ferait vite remettre en place... »
Les Phares et Balises n'ont pas le privilège douteux de la misogynie. Héritiers — comme les marins — d'une longue tradition masculine, les gardiens de phares ont simplement mis plus de temps à s'adapter. Ne leur reprochons rien. Le huis clos d'un phare est déjà difficile entre deux hommes. Reconnaissons qu'il puisse être compliqué entre un homme et une femme. Tout le courage et tout le mérite de Françoise André est d'avoir su le dédramatiser...

Le Four
Phare en mer.
Coordonnées géographiques :
48° 31' 26" N - 04° 48' 21" W.
Hauteur totale : 28 mètres
(31 mètres au-dessus du niveau
de la mer).
Optique : lentille 5 panneaux
au 1/7, focale 0,50 m. Éclairage
par lampe 250 W. Feu blanc
à 5 éclats 15 s. Portée 24,5 milles.
© Daniel Mingant.

Nord-Finistère

La Lande

Allumé en décembre 1845, ce phare situé sur les hauteurs du fond de la rade de Morlaix servit d'abord à donner la direction du chenal oriental, puis celle du grand chenal après la mise en service du feu de l'île Louët. Il se présente comme une tour carrée en maçonnerie lisse avec chaînes d'angles en pierres apparentes flanquée d'un corps de logis à usage de logement.

Automatisé et télécontrôlé depuis Brest, non gardienné depuis mai 1998, il ne se visite pas.

La Lande
Phare à terre.
Coordonnées géographiques : 48° 38' 14" N - 03° 53' 09" W.
Hauteur totale : 19,10 mètres (87 mètres au-dessus du niveau de la mer).
Optique : lentille 4 panneaux au 1/4, focale 0,25 m. Éclairage par lampe 650 W.
Feu à 1 éclat blanc 5 s. Portée 23 milles.

Feu de Ploumanach

Feu d'Enez Louet

Roscoff
Phare à terre.
Coordonnées géographiques :
48° 43' 22" N - 03° 58' 50" W.
Hauteur totale : 24,40 mètres
(26,10 mètres au-dessus du niveau
de la mer).
Optique : lentille 1/2 horizon,
focale 0,30 m. Éclairage par
lampe halogène 180 W.
Feu blanc à 2 + 1 occultations
12 s. Portée 15 milles.

Roscoff

Construit de 1915 à 1917, il est situé au sud-est de l'île de Batz, côté sud du port de Roscoff. Il se présente comme une tour carrée pyramidale en maçonnerie de pierres apparentes sur un soubassement carré également de pierres apparentes.

Gardienné, il est visitable les après-midi d'été.

Ile de Batz

Mis en service en octobre 1836, il est situé dans la partie ouest de l'île, à l'ouest-nord-ouest de Porz-Kernoch, à l'endroit le plus élevé de la côte. Il se compose d'une tour sur un soubassement carré, surmontée d'un abri cylindrique, le tout en maçonnerie de pierres apparentes. On accède à la lanterne par un escalier de 210 marches.

Non gardienné, il est visitable en été sur rendez-vous. S'adresser au Syndicat d'Initiative de Batz (tél. 02 98 61 75 70).

Lanvaon

Mis en service fin 1869, il est situé côté nord de la rivière de l'Aber Wrac'h, sur les hauteurs de Lanvaon. À sa tour carrée en maçonnerie de

Ile de Batz
Phare d'île habitée.
Coordonnées géographiques :
48° 44' 46" N - 04° 01' 39" W.
Hauteur totale : 42,65 mètres
(71,65 mètres au-dessus du niveau
de la mer).
Optique : lentille 4 panneaux au
1/6, focale 0,30 m. Éclairage par
lampe halogène 180 W. Feu blanc
4 éclats 25 s + feu auxiliaire fixe
rouge. Portée 23 milles pour le feu
blanc.

Lanterne du phare de l'Ile Vierge.

pierres apparentes est accolée une maison abritant des logements et les locaux techniques.

Automatisé, télécontrôlé, non gardienné, il ne se visite pas.

Ile Vierge

Situé sur un îlot à 1,5 kilomètre de la côte, au nord-est de l'entrée de l'Aber Wrac'h, il reste à ce jour le plus haut phare d'Europe. Il se présente comme une tour cylindrique de granit, habillée intérieurement d'un manteau d'opalines, reposant sur le sol par un empattement circulaire de 16 mètres de diamètre. Il fut mis en service en mars 1902 pour suppléer un établissement précédent datant de 1845 dont la portée s'était avérée insuffisante. L'ancien phare — une tour pyramidale de section carrée dominant un bâtiment rectangulaire de deux étages — n'a pas été démoli.

Il est gardienné et se visite en juillet-août (passeurs en fonction de la marée).

Le Four

Situé à 2 kilomètres environ de la presqu'île de Saint-Laurent, il signale l'entrée du chenal qui lui a donné son nom. Bâti à partir de 1869 et mis en service en avril 1874, ce phare-donjon cylindrique en maçonnerie de pierres apparentes était classé par les gardiens dans la catégorie des « Enfers ». La roche de granit de 25 mètres de diamètre sur lequel il s'élève a en effet la particularité de faire lever des vagues qui peuvent submerger la lanterne. Le Four fut d'ailleurs le théâtre de l'une des dernières catastrophes enregistrées depuis la guerre par les Phares et Balises. Le 9 décembre 1978, la vedette l'*Ouessantine* opérait la relève des gardiens et le ravitaillement du phare quand elle fut retournée par une monstrueuse lame de fond. Malgré les secours des équipages de deux caseyeurs qui travaillaient sur la zone et l'intervention presque immédiate d'un aviso de la Royale, d'un remorqueur et de deux hélicoptères, un matelot, Martin Perreaux, et un gardien auxiliaire, Jean-Yves Kernoa, laissèrent leur vie dans le naufrage...

Automatisé depuis 1993, télécontrôlé à partir de l'île Vierge, il n'est pas gardienné et ne se visite pas.

Voir photo p. 52.

Photo en haut à gauche
Lanvaon
Phare à terre.
Coordonnées géographiques :
48° 36' 40" N - 04° 32' 12" W.
Hauteur totale : 27 mètres
(62,10 mètres au-dessus du
niveau de la mer).
Optique : lentille 1 panneau
au 1/4, focale 0,10 m. Éclairage
par lampe halogène 90 W. Feu
directionnel blanc scintillant
1 s. Portée 13,5 milles.
© *Daniel Mingant.*

Ile Vierge
Phare en mer.
Coordonnées géographiques :
48° 38' 23" N - 04° 34' 06" W.
Hauteur totale : 82,50 mètres
(84,50 mètres au-dessus du
niveau de la mer).
Optique : lentille 4 panneaux
au 1/4, focale 0,50 m. Éclairage
par lampe halogène 650 W.

Les phares d'Ouessant

Les parages de l'île d'Ouessant comptent parmi les plus dangereux du monde. Son nom breton serait Enez Eussa, l'île d'épouvante. Etymologie douteuse... L'origine du nom d'Ouessant est plutôt Uxantos, appellation que lui donnaient les navigateurs anciens, d'après un nom gaulois signifiant « la plus haute ». Ce qui est vraisemblable, puisque l'île se distingue justement, dans l'archipel auquel elle appartient, par une hauteur de près de 50 mètres qui la rend visible par temps clair à une vingtaine de milles. Mais qu'importe l'étymologie... Pour tous les marins, Ouessant est bel et bien restée l'île d'épouvante...

Les récifs de cette île du bout du monde, dernière terre habitée à l'ouest de l'Europe, située sur la voie de passage obligée qu'empruntent les navires qui passent d'Atlantique en Manche, ont provoqué d'innombrables naufrages, entraînant la mort d'un nombre d'hommes à jamais inchiffrable.

« Qui voit Ouessant voit son sang »... Ce proverbe est aussi ancien que la marine... Malgré les dangers que constituent les écueils et les courants qui la cernent, malgré les brumes qui la dissimulent et les tempêtes qui l'assaillent plusieurs mois par an, l'île ne fut longtemps signalée aux marins que par quelques amers et quelques feux épisodiquement allumés au sommet de tourelles de guet. Il faudra attendre 1681 pour que sur ordre de Vauban un projet de phare soit enfin mis à l'étude. Il ne sera achevé qu'en 1699, et mis en service l'année suivante. Et ce n'est qu'un siècle et demi plus tard qu'un second phare, le Créac'h, sera enfin allumé sur la pointe nord-ouest de l'île, malgré l'insuffisance avérée du Stiff.

Les abords d'Ouessant sont aujourd'hui signalés par cinq phares. Deux d'entre eux — le Stiff et le Créac'h — s'élèvent sur l'île elle-même, un autre — le Nividic — est bâti sur un rocher situé à 900 mètres de sa côte. Quant aux deux derniers — Kéréon et la Jument — ce sont des phares éloignés en mer dont la construction a représenté d'extraordinaires défis... Nous en reparlerons.

Le Stiff

Bâti sur le point culminant d'Ouessant, la falaise du Stiff, au nord-est de l'île, il a été mis en service en 1700. Il était destiné au début à n'être allumé que du 1er octobre à la fin du mois de mars. Ce n'est qu'une vingtaine d'années plus tard qu'il devint permanent. Le feu sera tout d'abord alimenté au charbon. À la fin du XVIIIe siècle, un nouvel éclairage y est installé : c'est l'appareil de Sangrain, composé d'une mèche plongée dans de l'huile de poisson ou d'olive dont la flamme est renvoyée par un réflecteur argenté. En 1820 lui est substitué un procédé plus efficace, utilisant le bec d'Argand — une mèche ventilée par un double courant d'air dont la lumière est concentrée par des réflecteurs paraboliques — avant qu'en 1831 le système de Fresnel n'y soit installé. En 1957, le feu est électrifié, et en 1978, une tour-radar est installée pour renforcer la surveillance des « rails » de l'entrée en Manche. L'architecture du Stiff est très caractéristique : deux tours tronconiques accolées, celle qui a le plus grand diamètre portant la lanterne et abritant les anciens logements de gardiens, l'autre étant surmontée d'une coupole semi-sphérique. À proximité, deux bâtiments abritent des logements et des salles de service.

Automatisé, télécontrôlé depuis le Créac'h, non gardienné, il est visitable en juillet-août.

Le Stiff
Phare d'île habitée.
Coordonnées géographiques :
48° 08' 31" N - 05° 03' 27" W.
Hauteur totale : 32,40 mètres
(89,10 mètres au-dessus du niveau de la mer).
Optique : lentille 4 panneaux au 1/4, focale 0,70 m.
Éclairage par lampe halogène 1 000 W. Feu rouge à 2 éclats 20 s. Portée 24 milles.

Le Créac'h

La décision de construire ce phare sur un promontoire — « créac'h » en breton — situé au nord-ouest d'Ouessant date de 1859, et fut prise « afin de permettre de reconnaître, sans confusion, les deux pointes par lesquelles on peut doubler l'île ». Allumé en 1863, il fut électrifié en 1888, doté d'un feu-éclair en 1901 et de lampes à arc sous atmosphère de xénon en 1971. Un système d'éclairage a été installé en 1987 à son sommet pour éviter aux oiseaux migrateurs de s'y heurter. Sur le plan architectural, il se présente comme une tour cylindrique entourée d'importants groupes de bâtiments abritant des logements et des salles de service.

Dans son ancienne centrale électrique a été installé le musée des Phares et Balises (Le Créac'h, tél. 02 98 48 80 70), ouvert toute l'année, qui retrace l'histoire des phares à travers des maquettes, des montages audiovisuels et une remarquable collection d'optiques. Preuve de la magie encore exercée par les phares, il reçoit plus de 20 000 visiteurs par an...

Gardienné, le phare ne se visite pas.

Nividic

Situé à un peu moins d'un demi-mille de la pointe ouest-sud-ouest de l'île, isolé sur la roche de Leurvaz an Idivig, à l'extrémité de la chaussée de Pern, ce phare fut salué lors de son allumage en 1936 comme une victoire de l'ingéniosité et de la technique, « un record du monde du génie français », par une presse que la montée des périls rendait, il est vrai, plus chauvine que jamais. Il faut dire que la construction de Nividic représente un exploit authentique. Il fallut vingt-quatre ans (1912-1936) pour élever

Nividic
Phare en mer.
Coordonnées géographiques :
48° 26' 78" N - 05° 09' 10" W.
Hauteur totale : 35,55 mètres (30,40 mètres au-dessus des hautes mers).
Optique : lentille horizon, focale 0,25 m. Éclairage par lampe halogène 40 W. Feu blanc scintillant rapide (9 fois en 10 s.).
Portée 10 milles.

Le Créac'h
Phare d'île habitée.
Coordonnées géographiques :
48° 27' 35" N - 05° 07' 47" W.
Hauteur totale : 54,85 mètres (74,60 mètres au-dessus du niveau de la mer).
Optique : 4 lentilles chacune de 2 panneaux au 2/9, focale 0,65 m., dont la disposition sur 2 étages est unique en son genre. Éclairage par lampes aux iodures métalliques haute puissance de 2 000 W. Feu blanc à 2 éclats 10 s.
Portée 32 milles.

La Jument
Phare en mer.
Coordonnées géographiques :
48° 25' 40" N - 05° 08' 00" W.
Hauteur totale : 47,40 mètres
(41,25 mètres au-dessus des
hautes mers).
Optique : lentille 6 panneaux
au 1/6, focale 0,70 m.
Éclairage par lampe 250 W.
Feu rouge à 3 éclats 15 s.
Portée 21 milles.

cette tour octogonale en béton plein au sommet duquel se trouvent trois chambres superposées et la lanterne. Elle avait été conçue pour être non gardée, et alimentée en énergie électrique à partir du Créac'h grâce à une ligne aérienne soutenue sur deux pylônes érigés sur deux récifs, une nacelle coulissant sur le même câble permettant d'acheminer le personnel d'entretien. Mais faute d'entretien — la guerre était passée par là, pendant laquelle Nividic resta éteint — les câbles se rompirent. En 1953, un feu de secours au gaz fut installé. Mais les pannes se succédant, la tour fut équipée en 1971 d'une plate-forme d'atterrissage pour hélicoptères, située au-dessus de la lanterne, ce qui permettait de livrer tous les six mois les bon-

bonnes de gaz nécessaires à son alimentation. En juin 1996, il a été électrifié par panneaux solaires.

Automatisé, non gardienné, il ne se visite pas.

La Jument

S'il est un phare qui mérite de figurer — avec entre autres Ar-Men, la Vieille, Kéréon et Cordouan — parmi les plus mythiques de l'histoire de la pharologie, c'est bien la Jument. Les raisons pour lesquelles il fut bâti, le défi humain et technologique qu'a représenté sa construction, tout concourt à en faire un monument d'épopée. Ou de roman feuilleton, comme on voudra. Tous les ingrédients classiques y sont réunis : un testament comportant une clause

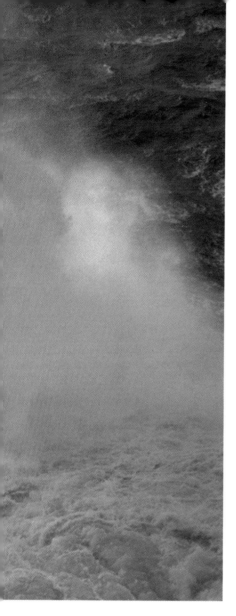

drait nul et son montant devrait être versé à la Société centrale des Naufragés ». Voilà pour la clause redoutable, qui lançait le Service des Phares et Balises dans une course contre la montre, tandis que l'autre héritier présomptif, la Société centrale des Naufragés, entamait sans complaisance le compte à rebours, sous l'impartiale surveillance des exécuteurs testamentaires et l'arbitrage, bien entendu, de l'océan...

Après quelques hésitations, le choix de la Commission des Phares se porta sur « Ar-Gazec », la Jument, un écueil situé à un mille au sud-sud-ouest d'Ouessant. C'est là que s'élèverait le phare voulu par le sieur Potron... Il faut dire que la Jument était particulièrement vicieuse, et que les naufrages qu'elle avait provoqués étaient nombreux. C'est, pense-t-on, parce qu'Ar-Gazec n'était pas signalée que le paquebot anglais *Drummond Castle* alla se fracasser sur les Pierres-Vertes, faisant 297 victimes...

Le choix était donc justifié, mais les hésitations de la Commission peuvent se comprendre : le rocher, d'une superficie inférieure à 100 mètres carrés, était entièrement recouvert à marée haute et n'émergeait que d'un peu plus d'un mètre à marée basse, par beau temps seulement... Son approche était de plus rendue périlleuse par un courant pouvant atteindre huit nœuds, des remous et de mauvaises déferlantes.

Le dressage de la Jument commença en mai 1904, soit moins de deux mois après l'ouverture du testament de Charles-Eugène Potron. La course au legs était lancée... La première campagne se termina début octobre de la même année. En six mois, dix-sept accostages avaient été réussis, permettant en tout 51 heures 30 minutes de travail, soit 3 heures environ de travail par accostage... C'est dire à quel point l'échéance fixée par Potron paraissait difficile à respecter...

Les années suivantes seront pourtant plus favorables avec le record de 79 accostages dans l'année

redoutable, des héritiers qui se déchirent, une lutte de huit années contre les éléments hostiles, des drames, mais, bien sûr, un happy end...

« Je soussigné Charles-Eugène Potron [...] lègue la somme de 400 000 F pour l'érection d'un phare bâti de matériaux de choix, pourvu d'appareils d'éclairage perfectionnés. Ce phare s'élèvera sur le roc, dans un des parages les plus dangereux du littoral de l'Atlantique, comme ceux de l'île d'Ouessant. On gravera sur le granit . Phare construit en vertu d'un legs de Charles-Eugène Potron, membre de la Société de Géographie de Paris. » Voilà pour le testament... Mais, ajoutait le donateur, « au cas où la construction du phare ne serait pas terminée dans un délai de sept ans, mon legs deviendrait

La Jument

La Jument

1909, permettant 383 heures 30 minutes de travail. Mais la Jument se défend rageusement et, bien qu'il n'y ait pas eu mort d'homme, accidents et naufrages se succèdent. Les années passent, et l'inquiétude commence à s'emparer du Service des Phares et Balises, qui garde en perspective l'échéance fixée par le testateur, celle du 28 mars 1911. Au début de l'année 1910, en effet, on n'a totalisé encore que trois cents accostages environ, pour moins de 1300 heures de travail. Il va falloir mettre les bouchées doubles : dans les deux dernières années, les hommes frôlent la limite du possible. Certes, plus la tour s'élève, moins ils sont à la merci des vagues et des grains soudains. Mais le courant et le clapot rageur, complices de la Jument, sont toujours là, rendant acrobatique chaque accostage, chaque débarquement de matériel.

Le travail, pourtant, aussi acharné et méritoire qu'il soit, ne suffit pas. Il va falloir ruser, truquer, en un mot abuser les exécuteurs testamentaires, car un an avant l'expiration du délai, on sait déjà que la clause suspensive ne pourra pas être respectée. Témoin ce rapport, effarant si l'on veut bien se souvenir que c'est un fonctionnaire qui le signe au nom de l'Administration : « Les travaux ne pourront être prolongés au-delà de cette date (28 mars 1911) que grâce à la complaisance de l'exécuteur testamentaire et de la légataire universelle sur laquelle il serait imprudent de trop se fier [...].

On devra recourir à des artifices pour masquer le dépassement du délai imparti... » Admirable M. de Joly, qui signa ce monument de malhonnêteté administrative... Tout cela pour économiser les deniers de l'Etat et gruger la Société de Sauvetage...

Alors, on multiplie les rapports exagérément optimistes pour impressionner l'exécuteur testamentaire. On ne néglige pas non plus les courbettes un peu basses dans sa direction, voire la flagornerie...

C'est ainsi qu'il fut décidé en catastrophe, à quelques semaines de l'échéance, de baptiser *Eugène-Potron* un bateau que faisait construire le Service des Phares et Balises... L'appel du pied manquait de discrétion, mais il semble qu'il fut efficace puisque le feu de la Jument ne fut allumé qu'en octobre 1911, soit avec six mois de retard sur la date limite fixée par le donateur, sans que l'exécuteur testamentaire fasse de difficultés. Peut-être est-ce aussi parce que l'Etat avait dû compléter la somme léguée par Charles-Eugène Potron en versant pour sa part 440 000 francs, soit plus que le legs. À ce prix, un dépassement de six mois était acceptable...

Pourtant, la hâte apportée à la construction de la Jument, et sans doute les « artifices » utilisés pour masquer le dépassement du délai allaient faire de la Jument un des pires « Enfers » qu'aient connus les gardiens de phare. C'est ainsi que plus de vingt ans après son achèvement, on se rendit compte qu'elle n'était même scellée dans le roc, et qu'elle ne tenait que grâce à son propre poids. Il fallut d'urgence l'ancrer par quatre câbles sous tension, qui la maintiennent encore aujourd'hui.

Automatisé, télécontrôlé depuis le Créac'h, non gardienné, le phare ne se visite pas.

Kéréon

Situé au sud-est de l'île, près de l'îlot de Loedoc, dans le dangereux passage de Fromveur — « nul n'a passé Fromveur sans connaître la peur », dit le proverbe — Kéréon est l'un des cinq derniers phares en mer à être encore gardienné. Sa tour cylindrique en maçonnerie de pierres apparentes sur un soubassement ovoïde également de pierres apparentes a été érigée de 1907 à 1916, au prix d'énormes difficultés, sur l'écueil de Men-Tensel, la « Pierre Hargneuse ». C'est après la Grande Guerre que son aménagement intérieur a été achevé, de façon si luxueuse — parquet en marqueterie, salles lambrissées de chêne — qu'il a été surnommé « le Palace », et qu'il est considéré comme le dernier « phare-monument » érigé en mer...

Comme la construction de la Jument, celle de Kéréon a été rendue possible par un legs.

Au début de l'année 1794, un gentilhomme qui avait servi comme officier de marine était guillotiné, bien qu'il ait, au moment du prononcé de sa condamnation, crié « Vive la République ». Il s'appelait Charle-Marie Le Dall de Kéréon, et n'était âgé que de 19 ans. En 1910, l'une de ses descendantes, Mme Lebaudy, voulut perpétuer la mémoire de son jeune grand-oncle martyr en offrant une somme considérable pour contribuer à l'érection d'un phare, à la condition que celui-ci reçoive le nom de Kéréon... Depuis 1907, les Phares et Balises avaient entrepris de bâtir une tour sur Men-Tensel, mais les difficultés étaient telles que l'on commençait à douter du succès. Le don de Mme Lebaudy — 585 000 francs — vint à point pour relancer le chantier. La « Pierre Hargneuse », avec la complicité

Kéréon
Phare en mer.
Coordonnées géographiques :
48° 26' 300 N - 05° 01' 459 W.
Hauteur totale : 47,25
mètres (44 mètres au-dessus
des hautes mers).
Optique : lentille horizon,
focale 0,92 m. Éclairage par
lampe halogène 180 W.
Feu blanc et rouge à
3 occultations.
Portée 17 milles.

Le Chemin des Phares

Ce circuit de randonnée pédestre, qui emprunte le sentier côtier entre Brest et Portsall, permet de découvrir quelques-uns des plus beaux phares du Nord-Finistère. Aménagé et balisé sur 86 km et complété par 14 circuits en boucle dans le proche arrière-pays, ce parcours est présenté dans un Topo-Guide de 80 pages, réalisé par le Comité Départemental de Randonnée Pédestre.

Il complète la « Route des Phares et Balises » qui par voie de terre — de Brest à Brigognan — ou par voie de mer — de Brest à Ouessant — passe par les phares mythiques de l'extrême Ouest breton : le Potzic, le Petit-Minou, Saint-Mathieu, Kermorvan, Trezien, l'île Vierge, le Four, la Jument, Kéréon, le Stiff, le Créac'h et Nividic. Tous ne sont pas visitables. Mais, même vus de loin, ils restent d'inoubliables souvenirs... Renseignements, brochures et Topo-Guides disponibles à l'Office de Tourisme de Brest, 8 avenue Georges-Clemenceau, 29900 Brest, tél. 02 98 44 24 96.

Kéréon

de l'océan, se défendit bien et mérita amplement son nom. L'ingénieur qui dirigeait les travaux tomba à la mer et manqua se noyer ; en avril 1910, la douzaine d'ouvriers qui travaillaient sur le rocher dut rembarquer en catastrophe quand un grain inattendu souleva en quelques minutes un violent clapot qui submergea le récif. Accrochés aux barres de scellement, à demi noyés par les déferlantes, ils furent pourtant récupérés un à un par la chaloupe du navire baliseur. Nul doute que ce jour-là Charles-Marie Le Dall de Kéréon veillait de là-haut... En onze ans de travaux, on ne compta en définitive qu'un seul mort, un ouvrier écrasé par la chute d'une pierre de scellement...

Le 25 octobre 1916, le feu de Kéréon était allumé. Le passage de Fromveur, ce dévoreur d'hommes, avait perdu quelques-uns de ses crocs...

Gardienné, il ne se visite pas.

mis en service en janvier 1894 pour assurer la signalisation du chenal du Four. Son fût cylindrique en maçonnerie lisse repose sur un niveau inférieur en maçonnerie de pierres apparentes. À proximité est installé le Cross-Corsen, dont la mission est de surveiller le trafic passant au large et de coordonner le sauvetage maritime en Manche-Ouest.

Automatisé, télécontrôlé depuis Brest, il se visite. S'adresser à l'Office de Tourisme de Plouarzel (tél. 02 98 89 69 48).

LES AUTRES PHARES DU NORD-FINISTÈRE...

Trezien

Implanté dans les terres, à 500 mètres du rivage et à 1,5 kilomètre de la pointe de Corsen, qui délimite l'océan Atlantique et la Manche, ce phare a été

Trezien
Phare à terre.
Coordonnées géographiques : 48° 25' 27" N - 04° 46' 47" W.
Hauteur totale : 37,20 mètres (86,20 mètres au-dessus du niveau de la mer).
Optique : lentille 1 panneau au 1/4, focale 0,15 m. Éclairage par lampe halogène 180 W. Feu directionnel blanc à 2 occultations 6 s. Portée 23 milles.

© Daniel Mingant.

Kermorvan

Situé au nord-ouest du port du Conquet, à l'extrémité sud-ouest de la presqu'île dont il porte le nom, ce phare a été mis en service en juillet 1849. Il signale les chenaux de la Helle et du Four. Sa tour carrée en maçonnerie de pierres apparentes repose sur un soubassement également de pierres apparentes.

Automatisé, télécontrôlé depuis Brest, non gardienné, il ne se visite pas.

Kermorvan

Phare à terre.
Coordonnées géographiques :
48° 21' 45" N - 04° 47' 27" W.
Hauteur totale : 20,35 mètres
(22,35 mètres au-dessus du
niveau de la mer).
Optique : lentille 4 panneaux
au 1/4, focale 0,25 m.
Éclairage par lampe halogène
180 W. Feu blanc 1 éclat 5 s.
Portée 22 milles.

Saint-Mathieu
Phare à terre.
Coordonnées géographiques :
48° 19' 50" N -
04° 46' 18" W.
Hauteur totale : 37 mètres
(58,80 mètres au-dessus du
niveau de la mer).
Optique : lentille 2 panneaux
au 1/2, focale 0,50 m.
Éclairage par lampe
aux iodures métalliques
150 W. Feu blanc
1 éclat 15 s. Portée 27 milles.

Ci-contre, page de
Po
Phare à
Coordonnées géographi
48° 21' 56
04° 31' 9
Hauteur totale : 35 n
(58 mètres au-dess
niveau de la
Optique : lentille d'ho
focale 0,50 m. Éclairag
lampe 650 W. Feu
et rouge à 2 occult
12 s. Portée 17 n

Le Petit-Minou
Phare à terre.
Coordonnées géographiques :
48° 20' 14" N - 04° 36' 54" W.
Hauteur totale : 26 mètres
(34 mètres au-dessus du niveau
de la mer).
Optique : lentille 4/5 horizon,
focale 0,50 m. Feu blanc et
rouge à 2 éclats 6 s.
Portée 19 milles.

Saint-Mathieu

Banal par son architecture — une tour cylindrique en maçonnerie lisse sur un soubassement également en maçonnerie lisse — le phare de la pointe Saint-Mathieu est exceptionnel par son site. « Rien de sinistre et de formidable comme cette côte de Brest ; c'est la limite extrême, la pointe, la proue de l'Ancien Monde », écrivait Michelet. Là où le Finistère, la « fin des terres », mérite sans doute le mieux son nom, il domine une abbaye bénédictine, pillée et démolie pendant la Révolution, mais dont les ruines ont gardé une beauté grandiose et poignante. Pendant des siècles, les moines allumèrent chaque nuit un feu sur l'une des tours, avant que sous le règne de Louis XIV, la Marine ne prenne en charge la signalisation lumineuse des approches du Goulet de Brest. Le phare actuel a été mis en service en 1835. De son sommet, on découvre un extraordinaire panorama qui s'étend de la pointe du Raz à l'île d'Ouessant en embrassant la chaussée des Pierres-Noires et l'archipel de Molène.

Gardienné, il est visitable.

Le Petit-Minou

Situé dans un terrain militaire, sur la côte nord du goulet de Brest, le Petit-Minou a été mis en service en janvier 1848. Il forme un alignement avec le phare du Portzic et indique la route à suivre pour entrer en rade de Brest. Sa tour cylindrique en maçonnerie de pierres apparentes est accolée à un bâtiment également cylindrique. À proximité se dresse l'ancienne tour radar du sémaphore de la Marine nationale.

Automatisé, télécontrôlé depuis Brest, non gardienné, il ne se visite pas.

Portzic

Situé sur un terrain militaire aux portes de Brest, ce phare surplombe le goulet et fait face à la pointe des Espagnols. Il se présente comme une tour octogonale en maçonnerie de pierres apparentes, au pied de laquelle a été installée la vigie — transférée en 1987 de la pointe du Petit-Minou — dont le rôle est de tout premier ordre : elle constitue en effet le poste essentiel de régulation de l'ensemble du trafic maritime empruntant le goulet, soit annuellement près de 11 500 bateaux civils et militaires…

Automatisé, il sera en principe télécontrôlé dès 1999. Non gardienné, il ne se visite pas.

Les Pierres-Noires

Mise en service en mai 1872, cette tour de granit légèrement tronconique avec encorbellement à la partie supérieure se situe à environ 6 milles au large à l'ouest-sud-ouest de la pointe Saint-Mathieu, sur la grande roche des Pierres-Noires, en bordure de la chaussée du même nom.

Automatisé, télécontrôlé depuis le Créac'h, non gardienné, le phare ne se visite pas.

Feu de la Pointe du Toulinguet

Les Pierres-Noires
Phare en mer.
Coordonnées géographiques :
48° 18' 43" N - 04° 54' 55" W.
Hauteur totale : 28 mètres
(30,50 mètres au-dessus du niveau de la mer).
Optique : lentille 4 panneaux au 1/4, focale 0,50 m. Éclairage par lampe 250 W. Feu à 1 éclat rouge 5 s. Portée 19,5 milles.

Sud-Finistère

Terre ultime, dernière sentinelle du Vieux Continent face à l'immensité océanique...

...l'île de Sein est un minuscule radeau — moins de 1 kilomètre sur 2 — échoué au milieu des récifs à 5 milles au large de la pointe du Raz. Elle est si plate — son point culminant, le tumulus de Nifran, n'atteint que 6 mètres de hauteur — qu'à plusieurs reprises dans l'histoire les vagues l'ont traversée d'une côte à l'autre, sans pourtant que ses habitants aient jamais songé à la quitter.

« Qui voit Sein voit sa fin »... Les parages de l'île, comme ceux d'Ouessant, font partie des lieux maudits de la navigation.

« Ce grand plateau de roches connu sous le nom de Chaussée de Sein est tellement dangereux dans toute son étendue que nous pouvons affirmer que tout navigateur qui le traversera sans le secours d'un bon pilote de l'île de Sein ne devra son salut

qu'à un heureux hasard. Nous ne pouvons espérer d'avoir trouvé toutes les roches à craindre qui existent à l'extrémité occidentale de cet affreux récif [1]. » Il ne s'agit pas ici de littérature, mais de l'observation scientifique d'une équipe de cartographes. Car l'île, terre stérile balayée en permanence par les vents, au point que les arbres n'y poussent pas, n'est qu'une très petite partie émergée d'un immense plateau qui affleure en un véritable chaos rocheux.

Sein est bien défendue : à l'est, entre la pointe du Raz et l'île, le célèbre Raz de Sein, une sorte de chenal parcouru par un courant violent dont la partie navigable est large de moins d'un mille et que les marins les plus expérimentés n'abordent que par beau temps et avec la plus extrême prudence. « Nul n'a jamais passé le Raz qu'il n'encourut crainte ou trépas »... ; à l'ouest, la Chaussée de Sein et la Basse-Froide, qui s'étendent sur des centaines de kilomètres carrés, véritable cimetière de navires, où des centaines d'épaves disloquées gisent au pied de récifs dont le seul énoncé a longtemps été la terreur des équipages : Madiou, Shomeur, Neurlac'h, Bas-Ven, Portaman, Lesnoc, Ar-Men et tant d'autres...

Jusqu'en 1839, il n'y eut pas le moindre phare dans ces parages redoutés. Seuls les Sénans étaient capables d'y naviguer en n'encourant que des risques raisonnables. Quant aux autres, ils n'avaient qu'à prier Dieu ou Diable, et compter sur leur étoile. Mais le fracas des lames sur les brisants est si assourdissant que, bien souvent, ni Dieu ni Diable n'entendaient les prières. Et dans la baie des Trépassés, lit mortuaire de sable fin situé entre le Bec du Raz et la pointe du Van, « il ne vient en douze mois jamais moins de cadavres qu'il y a de dimanches dans l'année », dit un proverbe local... Pourtant, quand au début du XIXᵉ siècle, les autorités maritimes firent relever les sites les plus favorables à l'implantation d'un phare, les Sénans le prirent fort mal. En 1830, puis en 1837, il y eut même affrontement entre « les gens du continent » et

1. Henri Quéffelec, « Un feu s'allume sur la mer », Éd. Presses de la Cité, 1959.

ceux de l'île. Mais finalement l'Administration fut la plus forte et les phares de Sein et du Bec de Raz furent édifiés...

Pourquoi cette hostilité ? Intrusion insupportable de l'autorité dans un univers à part, presque complètement clos, un micro-continent ? Certitude que les feux ne serviraient qu'aux autres, puisque les Sénans connaissaient caillou par caillou le Raz, la Chaussée et la Basse-Froide ? Ou bien, ou bien... Mais laissons parler un personnage, peut-être pas si imaginaire que ça, de Quéffélec : « Sûr, avant le phare de l'île, je compte que nous avons perdu deux naufrages sur trois, mais comme on fait maintenant les bateaux plus grands, nous nous rattrapons à peu près. [...] Nous sommes des chrétiens imbéciles ! Les bateaux qui viennent à la côte sont un cadeau du Bon Dieu pour

les pauvres ! » ' Oui, et si la vraie raison de cette hostilité était là ? L'antique « droit de bris » donnait aux habitants des îles et des côtes la propriété
légale du tiers des biens récupérés sur
une épave à la suite d'un naufrage, lesquels biens devaient être préalable-
ment remis aux Autorités maritimes.
On imagine aisément que, si rien ne
prouve que les Sénans d'autrefois
aient été des naufrageurs — c'est plutôt leur courage de sauveteurs que
retient d'eux la mémoire des marins
— ils durent souvent « oublier » de par-
tager avec l'Administration les trésors
rejetés par l'océan. Quant à l'érection
d'un phare sur leur île, elle ne pouvait
que les priver d'une source non négli-
geable de revenus...

Les parages de Sein sont aujour-
d'hui signalés par trois phares, qui
tous trois sont parmi les plus légen-
daires de l'histoire de la pharologie.

La Vieille

Bâtie de 1882 à 1887, la tour carrée
en maçonnerie de pierres apparentes de
la Vieille — Ar Groac'h en breton —
s'élève face à la pointe du Raz sur le
rocher de Gorlebella. Elle fut, de
décembre 1925 à février 1926, le théâtre
de l'une des tragédies les plus médiati-
sées de l'histoire des phares en mer.

Le 7 février 1923, une loi signée
par Poincaré était promulguée : elle
créait des « emplois réservés », c'est-à-
dire ouvrait par priorité aux blessés et
mutilés de la Grande Guerre certaines
catégories d'emplois administratifs.
On comprend aisément que des resca-
pés des tranchées aient pu se recon-
vertir comme buralistes, gardiens de
musées ou huissiers. Mais par quelle
stupide ignorance les services minis-
tériels avaient-ils ajouté à la liste des
emplois réservés celui de gardien de
phare ? Toujours est-il qu'au lieu de se

La Vieille
Phare en mer.
Coordonnées géographiques :
48° 02' 500'' N - 04° 45' 400 W.
Hauteur totale : 26,90 mètres
(36 mètres au-dessus du niveau
de la mer).
Optique : lentille 4/5 horizon,
focale 0,50 m. Éclairage par
lampe 250 W. Feu blanc, rouge
et vert à 2 + 1 occultations
12 s. Portée 18 milles.

69

retrouver sur une chaise de bureau, deux mutilés originaires de Corse, Mandolini et Terraci, se retrouvèrent affectés à la Vieille. « Le premier avait eu le poumon traversé par une balle et les muscles du bras droit sectionnés par des éclats d'obus. L'autre, également atteint au poumon, gardait dans le corps une balle que les chirurgiens n'avaient pas réussi à extraire. [...] Les exercices d'acrobatie que constituent les relèves étaient pour eux un véritable calvaire. Et que dire de cet autre supplice qui leur était infligé et qui les contraignait,

1. Louis Le Cunff, « Feux de mer », Éd. André Bonne, 1954.

Gardien du phare de La Vieille.

eux, blessés du poumon, à monter et descendre pour les besoins du service les 120 marches qui séparent les réservoirs à pétrole de la salle de veille ... »

Les malheureux protestent, arguent de leur inaptitude. Contents, pas contents, la loi est la loi, leur dit-on en substance. Un emploi réservé est un emploi réservé, qu'on surveille au chaud la Joconde ou qu'on veille sur les plus mauvais récifs de l'Ouest européen...

Sans doute le calvaire des deux hommes serait-il resté à jamais ignoré si une formidable tempête ne s'était déchaînée sur les côtes bretonnes en décembre 1925.

Mandolini et Terraci étaient alors seuls de service au phare. Pendant des semaines, toutes les tentatives pour les relever ou même les ravitailler échouèrent. Il fallut qu'un naufrage se produisît dans les parages de la Vieille, dans la nuit du 19 au 20 février 1926, pour que l'affaire commençât à s'ébruiter. La presse locale, puis parisienne, révéla alors au public le drame des mutilés bloqués depuis deux mois dans leur phare-prison. Finalement, le 28 février, une ultime tentative de sauvetage réussit : les deux hommes purent, au prix d'un bain glacé, passer sur le ravitailleur grâce à un filin tendu à la base du phare. Ni l'un ni l'autre ne savait nager... L'affaire avait fait du bruit, et le calvaire des deux Corses entraîna la modification de la loi sur les emplois réservés...

Automatisé, télécontrôlé depuis Sein, non gardienné, il ne se visite pas.

La Vieille.

Ile de Sein

Situé sur la pointe nord-ouest de l'île, près de la crique de Porz an Dilo-god, le premier phare sénan a été allu-mé en mai 1839. Sa tour cylindrique était en granit rose, et il fonctionnait au début à l'huile de colza. Après son dynamitage par les Allemands à leur départ de l'île, le 4 août 1944, il fut reconstruit à l'identique — en béton toutefois — de 1950 à 1951. Une usine électrique et un centre de désalinisa-tion d'eau de mer ont été installés dans ses dépendances pour alimenter l'île en électricité et en eau douce. Une pierre de l'ancien phare a été donnée par les Iliens au général de Gaulle, qui en août 1946 remit à Sein la croix de la Libération. Sous les fenêtres de sa maison natale, à Lille, elle sert aujourd'hui de socle à son effigie en bronze.

Gardienné, le phare ne se visite pas.

Ile de Sein
Phare d'île habitée.
Coordonnées géographiques :
48° 02' 39" N - 04° 52' 04" W.
Hauteur totale : 50,90 mètres
(52,90 mètres au-dessus du niveau
de la mer).
Optique : lentille 4 panneaux au
1/8, focale 0,92 m. Éclairage par
lampe halogène 1 000 W. Feu
blanc à 4 éclats 25 s. Portée 27,5
milles.

Ar-Men
Phare en mer.
Coordonnées : 48° 03' 03'' N -
04° 59' 55'' W.
Hauteur totale : 37 mètres
(32,30 mètres au-dessus du
niveau de la mer).
Optique : lampe 6 panneaux
au 1/6, focale 0,25 m. Éclairage
par lampe 250 W. Feu blanc
à 3 éclats en 20 s.
Portée 23,5 milles.

1. Henri Queffélec, « Un feu s'allume
sur la mer », op. cité.

Ar-Men

Si Cordouan est, sans chauvinisme aucun, le plus beau phare du monde, Ar-Men est certainement le plus héroïque. Sa construction fut une véritable épopée, et jusqu'à son automatisation en 1990, il fut considéré par tous les gardiens, même ceux qui n'y avaient jamais servi, comme un « Enfer » parmi les « Enfers », et révéré comme une légende parmi les légendes...

Le courage physique, l'audace conceptuelle, le sens de l'organisation, la ténacité sont les qualités indispensables requises pour la construction d'un phare en mer. Mais si, dans toute l'histoire de la pharologie, ces qualités furent poussées à l'extrême limite des ressources humaines, c'est bien pour la construction d'Ar-Men.

Depuis le début du XIXᵉ siècle, la Commission des Phares souhaitait allumer un feu en pleine mer, le plus loin possible sur la Chaussée de Sein, vierge encore de tout balisage, et sur laquelle on ne pouvait même pas songer ancrer un bateau-feu, sauf à y enrôler un équipage de condamnés à mort ou de candidats au suicide...

Mais où le construire ? Trois roches apparaissaient favorables, non pour leur facilité d'accès, tant s'en faut, mais pour leur emplacement : Madiou, Shomeur et Ar-Men. Et c'est finalement Ar-Men, la plus dangereuse, la plus difficile à accoster, mais la mieux située, qui sera retenue.

Ar-Men, « la Pierre »... Il y a une sorte de respect craintif dans cette désignation toute simple. Les autres, on les qualifie : c'est la Sournoise, ou la Hargneuse, ou la Mauvaise. Mais Ar-Men, c'est « la Pierre », quintessence de tous les récifs et de tous les écueils. Comme on dit la Bête, avec cette majuscule qui est la révérence de l'effroi...

« L'établissement d'un phare sur Ar-Men est une œuvre excessivement difficile, presque impossible ; mais peut-être faut-il tenter l'impossible eu égard à l'importance capitale de l'éclairage de la Chaussée de Sein. » C'est Léonce Reynaud lui-même, le vainqueur des Héaux-de-Bréhat, qui écrit ces mots : « presque impossible »...

A 5 milles et demi de Sein, Ar-Men est un caillou de 15 mètres sur 7, 105 mètres carrés à marée basse, entièrement submergé à marée haute ou dès que le clapot se lève, c'est-à-dire presque toute l'année. « En 1860, une commission nautique [...] avait voulu descendre sur la roche : échec. En 1861, trois tentatives de la même commission, trois échecs. Echec de l'ingénieur Joly en novembre 1865. Echec de l'équipe Ploix-Reynaud-Planchat en mai 1866. Echec de l'ingénieur Joly en août 1866 ¹. » Ils n'arrivent même pas à poser le pied sur la roche, et pourtant ces hommes, qui ne sont pas des fous, qui connaissent la mer, qui ont construit d'autres phares, et des môles, et des quais, des jetées et des digues, ces hommes qui connaissent la force des vents et le poids des vagues, sont convaincus qu'ils construiront là une tour. Mais ils sont bien seuls à l'être... Les Iliens, eux, ricanent et refusent leur concours, ce qui est grave, car on a absolument besoin d'eux, de leurs bras, de leurs bateaux et de leur habitude des parages de l'île.

Cependant, en avril 1867, les travaux commencent. L'ingénieur Joly, qui les dirige, le conducteur Lacroix, son adjoint, sont des hommes de premier ordre. Les échecs des tentatives d'accostage précédentes n'ont pas été inutiles pour eux et ils ont su approfondir leur connaissance de la roche. Ils ont su aussi, patiemment, apprivoiser les Iliens en obtenant par exemple des crédits pour réparer les digues de l'île, et surtout en proposant des sommes très élevées à ceux qui se porteraient volontaires. Finalement, quelques pêcheurs se sont laissé convaincre et ont accepté de prêter leur concours. Ils seront payés, non à l'heure, mais à la tâche et travailleront sur Ar-Men quand le temps le permettra.

On commença par forer des trous de 30 centimètres de profondeur dans la roche afin d'y enfoncer des tiges de fer qui, une fois en place, joueraient le rôle de bittes d'amarrage pour les embarcations, permettraient aux hommes de s'assurer en cas de submersion, et enfin serviraient à fixer les scellements pour la base de la future tour.

Huit hommes travaillèrent cette première année. Ils avaient accosté sept fois, travaillé huit heures et foré quinze trous ! Le bilan pouvait paraître maigre, mais en fait, quelle victoire quand on pense que de mémoire d'Ilien personne n'avait abordé Ar-Men sauf, peut-être, bien involontairement, quelque naufragé promis a une noyade rapide...

Les conditions dans lesquelles ces hommes travaillèrent laissent pantois. « Dès qu'il y avait une chance d'accoster, deux hommes descendaient sur la roche, munis de leur ceinture de sauvetage, se couchant sur elle, s'y cramponnant d'une main, tenant de l'autre un marteau et travaillant avec une activité fébrile, incessamment couverts par la lame qui déferlait par-dessus leur tête. Si l'un d'entre eux était entraîné par la force du courant, sa ceinture le soutenait et une embarcation allait le repêcher pour le ramener au travail. [2] »

Ils s'acharnent cependant. La campagne de 1868 permet d'achever le déroctage avec trente-quatre nouveaux trous. À partir de 1869, la tour commence, lentement, obstinément, à s'élever. Mais les accostages continuent d'être rares et périlleux : vingt-quatre en 1869, et douze heures de travail seulement, mais huit en 1870, soit dix-huit heures de travail, six en 1873, soit quinze heures... Certes, plus la

2. Louis Le Cunff, « Feux de mer », op. cité.

Ar-Men

La relève

Les phares en mer seront bientôt tous automatisés. Il n'en reste plus que cinq au large des côtes françaises à être gardiennés, alors qu'ils étaient encore plusieurs dizaines il y a moins de trente ans... L'angoisse de la relève, moment clé de la vie du gardien de phare, ne sera bientôt plus qu'un souvenir... Et pourtant, même aujourd'hui aborder aux Roches-Douvres ou à Kéréon ressemble parfois à un exercice de haute voltige. Plus que l'Administration, c'est la météorologie qui a toujours réglé l'alternance des séjours à terre et en mer. Les gardiens de cette fin de siècle peuvent pourtant se considérer comme des privilégiés par rapport à leurs prédécesseurs : au XIXe siècle, il n'était pas rare que la tempête oblige certains d'entre eux à passer plusieurs mois en mer sans que leurs supérieurs en soient autrement émus et sans qu'eux-mêmes, à vrai dire, y voient autre chose qu'une fatalité liée aux risques ordinaires du métier. Même au XXe siècle, et malgré l'emploi de bateaux très sûrs - on est loin de l'époque des barques à voile avec lesquelles des pêcheurs, payés au forfait par les Phares et Balises, effectuaient les liaisons phare-continent à temps perdu, entre la pose des casiers à homards et la relève du filet, si le temps le permettait — la relève reste aléatoire, soumise aux caprices du vent et de la mer. Le trajet pour se rendre aux Roches-Douvres — qui est, rappelons-le, le phare d'Europe le plus éloigné des côtes — dure trois heures par beau temps. « Mais il est arrivé qu'il dure jusqu'à huit heures, ou que la vedette de relève doive faire demi-tour plusieurs jours de suite », raconte François Jouas-Poutrel, qui y a servi vingt et un ans.

Sur certains phares particulièrement inaccessibles, comme le Four, la relève ne pouvait se faire qu'au « ballon », un filin tendu entre la tour et le bateau, le long duquel se déplaçait un siège en liège, un peu semblable dans sa conception à un « tire-fesses » de skieur, mû par un treuil à bras actionné par les hommes du phare. Le ravitaillement était envoyé en priorité. Ainsi, en cas d'incident ultérieur, rupture du câble, vent qui forcit ou mer qui grossit, les vivres frais atteignaient au moins le phare. Suivaient les paquetages, puis les hommes. C'était la phase dangereuse de l'opération. Le « montant » partait le premier, décollant de la base mouvante du pont du bateau, treuillé aussi vite que possible par ses camarades du phare. Il arrivait souvent, quand la mer était forte, que le filin se tende et se détende fortement, suivant les mouvements du bateau entre les creux et les crêtes de lames. C'était alors le plongeon, une fois, deux fois, trois fois... Rares sont les gardiens qui n'aient eu droit dans leur carrière à plusieurs bains glacés... Une fois le « montant » à l'abri, c'était au tour du « descendant » d'enfourcher le ballon. Redoutable exercice : il fallait oser s'élancer de très haut, vers le pont de la vedette qui roule et qui tangue, et qui, de la plate-forme, paraît minuscule. On raconte même qu'un gardien stagiaire « descendant » fut pris de panique au moment de la relève, disant qu'il préférait passer sa vie dans le phare plutôt que d'emprunter le ballon. Ses collègues n'eurent d'autre ressource que de le ligoter dans un sac de toile et de l'expédier de force sur le va-et-vient... Ces transbordements acrobatiques appartiennent désormais au passé. Mais un passé encore bien récent : certains des phares où l'accostage était particulièrement dangereux ont été automatisés il y a moins de dix ans. Et en 1978, c'est-à-dire hier, l'Ouessantine coulait au pied du Four au moment de la relève, entraînant dans son naufrage la mort de deux marins...

maçonnerie s'élève, plus les hommes sont à l'abri des vagues, et plus la rapidité de leur travail augmente. Mais l'espace est limité et le nombre des ouvriers travaillant ensemble sur la tour ne peut excéder la dizaine. De toute façon, le vrai problème réside dans le débarquement des hommes et du matériel sur la roche, protégée par les brisants, les remous et les courants, plus que dans la construction elle-même.

Pourtant, petit à petit, le récif cède à la longue patience des hommes. Chaque année, la tour gagne quelques mètres, chaque année les accostages se font plus nombreux : dix-huit en 1874, vingt-trois en 1875, trente en 1877...

Et en 1881, quatorze ans après le premier pas de l'ingénieur Joly sur Ar-Men, le feu de la chaussée de Sein est allumé. Quatorze ans... presque un record, même si l'on admet que la guerre de 1870 avait ralenti les travaux. 404 tentatives d'accostage et 113 échecs... En 291 débarquements, qui avaient duré de quelques minutes seulement à quelques heures, volées aux vagues et aux vents, le pari impossible avait été tenu...

Mais la saga d'Ar-Men n'était pas terminée. Les conditions difficiles de sa construction, son diamètre étroit — 7,20 mètres — par rapport à sa hauteur — 34,50 mètres — en faisaient un édifice fragile. Pendant près de vingt ans encore après son inauguration, les travaux de consolidation — renforcement du soubassement, construction d'un parapet — se poursuivront, tant les responsables du Service des Phares et Balises craignaient de voir se répéter les tragédies d'Eddystone et de Minot's Lodge, deux phares, l'un anglais, l'autre américain, balayés par la tempête de telle façon qu'on ne retrouva d'Eddystone, dit-on, qu'un anneau scellé dans le roc...

Ar-Men était vaincue, mais non apprivoisée et allait souvent se venger des hommes, faisant de la tour qu'on avait plantée de force sur elle un lieu de drame. C'est ainsi qu'en 1923, le gardien Noël Fouquet battit malgré lui un record absolu : bloqué seul dans le phare par une tempête, il dut attendre 101 jours la relève... Comme si, frustrée des naufrages qu'elle ne provo-

querait plus, elle avait retourné sa rage contre ses gardiens…

Automatisé, télécontrôlé depuis Sein, non gardienné, le phare ne se visite pas.

LES AUTRES PHARES DU SUD-FINISTÈRE

Eckmülh

Nom bien peu breton que celui de ce phare situé sur la pointe de Penmarch, au sud de la baie d'Audierne, tristement célèbre pour ses récifs et pour la réputation de naufrageurs que traînèrent longtemps ses habitants. Eckmülh est un petit village bavarois près duquel les troupes napoléoniennes remportèrent une victoire en 1809. Elles étaient commandées par le général Davout à qui l'Empereur accorda le titre de prince d'Eckmühl. En 1892, la marquise de Blocqueville, fille de Davout, fit don par testament à l'État de 300 000 francs (environ 6 millions de francs d'aujourd'hui), afin que fût construit un phare « sur un point particulièrement dangereux des côtes de France ». Elle voulait évidemment honorer la mémoire de son père, mais surtout permettre que les vies ainsi sauvées « rachètent les larmes versées par la fatalité de la guerre ». Ce legs venait à point nommé : la tour mise en service en 1835 sur la pointe de Penmarch s'était avérée notoirement insuffisante, et la Commission des Phares

songeait depuis des années à la remplacer. La construction de ce phare de granit demanda quatre ans, et son feu fut allumé le 17 octobre 1897.

Gardienné, il est visitable.

Ile aux Moutons

Bâti en 1879 sur un îlot situé au large de Concarneau, entre Bénodet et l'archipel des Glénan, ce phare se présente comme une tour carrée blanche dominant un corps de logis. Malgré l'exiguïté de l'île — moins de 400 mètres de long — un couple de gardiens, Marie et Louis Quéméré, y éleva avant la dernière guerre onze enfants, dont sept naquirent au phare… Outre les vivres apportés épisodiquement du continent, ils disposaient pour nourrir cette nombreuse famille d'une vache, d'un poulailler, d'un potager, et surtout du produit de leur pêche…

Automatisé, télécontrôlé depuis Concarneau, non gardienné, il ne se visite pas.

Penfret

Mis en service en octobre 1837, ce phare est bâti à l'extrémité nord-est l'île qui lui a donné son nom, elle-même située à l'extrémité est de l'archipel des Glénans, à une dizaine de milles au large de Concarneau. Sa tour pyramidale tronquée, blanche avec lanterne rouge, est accolée à une maison abritant les locaux de service et les logements. L'ensemble s'élève dans l'enceinte d'un ancien fort.

Automatisé en 1993, télécontrôlé depuis Concarneau, non gardienné, il ne se visite pas.

Eckmülh
Phare à terre.
Coordonnées géographiques :
47° 47' 900" N - 04° 22' 400" W.
Hauteur totale : 66,48 mètres
(66,12 mètres au-dessus du
niveau de la mer).
Optique : plateau tournant portant 2 optiques opposées par les pointes. Éclairage par 2 lampes 650 W. Feu blanc à éclats 5 s. Portée 23,5 milles.

L'Île aux Moutons
Phare en mer.
Coordonnées géographiques :
47° 46' 500 N - 04° 01' 750 W.
Hauteur totale : 17,10 mètres
(20,10 mètres au-dessus du
niveau de la mer).
Optique d'horizon, distance focale 0,25 m. Éclairage par lampe 150 W. Feu blanc, vert et rouge à 2 occultations 6 s. Portée 15 milles.

...ret
...d'île habitée.
...onnées géographiques : 47° 43' 320" N - 03° 57' 100" W.
...ur totale : 24,25 mètres (38,25 mètres au-dessus du ...u de la mer). Optique tournante 2 panneaux au 1/2, ...0,25 m. Éclairage par lampe 150 W.
...éclat rouge 5 s. Portée 21 milles.

M o r b i h a n

LES PHARES DE GROIX

Gros caillou plat émergeant au large de Lorient, l'île de Groix, avec ses côtes sculptées dans la roche, son extraordinaire plage convexe — l'une des plus grandes d'Europe — de la pointe de la Croix, ses curieuses maisons « vénitiennes », construites dans les années 30 par des maçons italiens émigrés, est sans doute restée l'une des plus authentiques des côtes du Morbihan. Elle a longtemps tiré une véritable prospérité de la pêche au thon : au début du siècle, 300 « dundees » — des voiliers à l'allure si élégante que leur nom est une déformation de « dandy » — partaient de ses ports pour écumer le golfe de Gascogne. La concurrence de Lorient et de Concarneau a été fatale aux

Goulphar
Phare d'île habitée.
Coordonnées géographiques :
47° 18' 40" N - 03° 13' 39" W.
Hauteur totale : 52,25 mètres
(92,25 mètres au-dessus du niveau de la mer).
Optique : 2 lentilles 4 panneaux, focale 0,30 m. Éclairage par 2 lampes halogènes 650 W. Feu blanc à 2 éclats 10 s.
Portée 26 milles.
Page de gauche.

La Pointe des Chats
Phare d'île habitée.
Coordonnées géographiques :
47° 37' 16" N - 03° 25' 19" W.
Hauteur totale : 15,22 mètres
(17,92 mètres au-dessus du
niveau de la mer).
Optique : lentille 4 panneaux
au 1/4, focale 0,25 m. Éclairage
par lampe aux halogénures
250 W. Feu à éclats rouges 5 s.

Pen-Men
Phare d'île habitée.
Coordonnées géographiques :
47° 38' 53" N - 03° 30' 034" W.
Hauteur de la tour : 27,66
mètres (63,70 mètres au-dessus
du niveau de la mer).
Optique : lentille 4 panneaux
au 1/8, focale 0,92 m. Éclairage
par lampe aux halogénures
1000 W. Feu blanc 4 éclats 25 s.
Portée 29 milles.

pêcheurs îliens, et les chalutiers industriels ont fait disparaître les superbes dundees. Mais le souvenir de l'époque glorieuse est encore vivace. Au point que la girouette de l'église de Groix, la « capitale » de l'île, n'est pas un coq, mais un thon...

Pen-Men

Mis en service en avril 1839, ce phare s'élève sur la pointe ouest de l'île de Groix, au sud-est de la pointe de Pen-Men. Sa tour carrée en maçonnerie lisse domine un bâtiment rectangulaire abritant deux chambres pour le personnel de passage, les salles des machines et du radiophare. À 125 mètres de la tour, on trouve la radiobalise, un pylône en treillis métallique de section triangulaire haut de 18 mètres sur un abri en maçonnerie (hauteur totale 22,60 mètres). Dans l'enceinte de l'établissement, enfin, trois logements de gardiens ont été bâtis.

Gardienné, le phare est visitable.

La Pointe des Chats

Mis en service en octobre 1898 sur la pointe est de l'île de Groix, il est constitué d'une tour carrée en maçonnerie lisse accolée à une maison abritant un logement. On trouve à proxi-

mité un bâtiment de service et un mur de protection contre la mer.

Automatisé, il est non visitable.

BELLE-ILE-EN-MER

Au sud de la presqu'île de Quiberon, c'est l'île la mieux nommée de Bretagne. Monet, venu y passer par curiosité une quinzaine de jours, y reste près de trois mois : « Je suis dans un pays superbe de sauvagerie, un amoncellement de rochers terribles et une mer invraisemblable de couleur. » Il y peindra trente-neuf toiles... Sarah Bernhardt en tombe amoureuse : « J'aime Belle-Ile pour sa solitude, son silence, sa sauvagerie, pour ses pêcheurs, pour sa mer transparente et glauque [...], pour tout ce que j'y trouve de rêve, d'idéal et de beauté. » Elle enthousiasme Colette : « Pour la première fois de ma vie, je goûtais le sel, le sable, l'algue, le lit odorant et mouillé de la mer. [...] L'abondance méridionale de l'île nous émerveillait. Des terrasses et des treilles, des figuiers comme en Italie, des lézards gris brodant le roc. » Mais ces descriptions idylliques ne doivent pas faire oublier qu'entre Quiberon et Le Croisic, Belle-Ile est une sentinelle avancée en mer qui veille au large d'un littoral dont les abords sont

particulièrement difficiles et fréquen-
tés. C'est pourquoi trois phares signalent ses côtes.

Les Poulains

Situé à l'extrémité ouest de Belle-
Ile, sur l'îlot des Poulains, accessible
seulement à pied à marée basse, et
mis en service en septembre 1868, il
est constitué d'une tour carrée en
maçonnerie lisse avec couronnement
de pierres apparentes, accolée au
pignon d'une maison à usage de logement et d'un bâtiment de service.

Automatisé, télécontrôlé à partir
de Goulphar, il ne se visite pas.

Les Poulains
Phare d'île habitée.
Coordonnées géographiques :
47° 23' 20" N - 03° 15' 08" W.
Hauteur totale : 18 mètres
(36,80 mètres au-dessus du
niveau de la mer).
Optique : lentille 4 panneaux
au 1/4, focale 0,25 m. Éclairage
par lampe aux halogénures 250
W. Feu blanc à éclats 4 s. Portée
23 milles.

Le gardien de phare aime trop les oiseaux

Des oiseaux par milliers volent vers les feux
Par milliers ils tombent par milliers ils se cognent
Par milliers aveuglés par milliers assommés
Par milliers ils meurent.

Le gardien ne peut supporter des choses pareilles
Les oiseaux il les aime trop.
Alors il dit tant pis je m'en fous
Et il éteint tout.

Au loin un cargo fait naufrage
Un cargo venant des îles
Un cargo chargé d'oiseaux
Des milliers d'oiseaux des îles
Des milliers d'oiseaux noyés.

Jacques Prévert

Bernaches attirées par la lumière d'un phare (in Les Phares - Léon Renard).

Dans le phare de Goulphar.

Goulphar

Situé dans la partie sud-ouest de Belle-Ile, sur le plateau au nord de Port-Goulphar, et mis en service en janvier 1836 sur les plans de Fresnel, il est constitué d'une tour légèrement tronconique en maçonnerie de pierres apparentes, formant groupe avec des constructions blanches qui abritent quatre logements de gardiens, des chambres pour le personnel de passage et un local pour la station de contrôle du réseau Toran Bretagne-Sud. Quatre projecteurs sont allumés du 1ᵉʳ octobre au 30 novembre pour la protection des oiseaux migrateurs. Bien que miné pendant la dernière guerre — des traces en sont encore visibles — le phare n'a pas été détruit.

Gardienné, il est visitable.

Voir photo page 76.

Kerdonis

Situé à l'extrémité est de Belle-Ile, à proximité de la pointe de Kerdonis, ce phare a été mis en service en juin 1879. Il est constitué d'une tour carrée en maçonnerie lisse avec couronnement en pierres apparentes accolée à une face d'une maison rectangulaire abritant un logement.

Un épisode tragique illustre bien ce que signifiait — et ce que continue de signifier — la notion de « service » pour les gardiens de phares. Un après-midi d'avril 1911, Désiré Matelot, gardien de Kerdonis, est pris d'un malaise alors qu'il est en train de nettoyer la lentille. Il n'aura pas le temps de remonter le mécanisme qu'il vérifiait : à leur retour au phare, sa femme et ses trois enfants le trouvent agonisant, et il meurt à la tombée de la nuit. Trop tard pour prévenir les autorités : le bourg principal, Le Palais, est à 12 kilomètres, et les plus proches voisins, auxquels la malheureuse femme a envoyé l'un des enfants, refusent de se déplacer. Il est vrai qu'ils ignorent encore que le feu est en panne... Eugénie Matelot allume la lampe, mais est incapable de lancer le mécanisme de rotation, partiellement démonté par son mari. Une seule solution : faire tourner le bloc optique à la main. Pendant la nuit entière, les deux aînés se livreront à cette tâche épuisante, pendant que leur mère veille le défunt... Cet humble héroïsme passe d'abord totalement inaperçu. Certes, l'ingénieur des Phares et Balises est averti par le responsable de Le Palais : « En dépit de la mort du gardien Désiré Matelot, sa femme et ses enfants ont contribué à assurer le fonctionnement de Kerdonis. » Mais la veuve n'arrive même pas à se faire payer l'arriéré de salaire de son mari... Il faudra qu'un fonctionnaire écœuré finisse par raconter l'histoire au *Figaro* pour qu'une véritable campagne d'opinion se déclenche. Eugénie Matelot, outre les dons d'argent qu'elle reçoit et qui la mettent à l'abri du besoin, est proposée pour la Légion d'honneur, nommée gardienne du

Kerdonis
Phare d'île habitée.
Coordonnées géographiques :
47° 18' 38" N - 03° 03' 36" W.
Hauteur totale : 13,70 mètres (37,90 mètres au-dessus de la mer).
Optique : lentille 6 panneaux au 1/6, focale 0,25 m.
Éclairage par lampe halogène 80 W. Feu rouge à 3 éclats 15 s. Portée 15 milles.

phare de Kernevel à Lorient... et finit même par toucher la somme que lui devait l'Administration !

Automatisé, non gardienné, il ne se visite pas.

LA PRESQU'ÎLE DE QUIBERON ET LE GOLFE DU MORBIHAN

Port-Maria

Situé côté sud de la presqu'île de Quiberon, au nord-nord-est du port de Port-Maria, mis en service en janvier 1895, il se compose d'une tour légèrement tronconique en maçonnerie lisse avec encorbellement en pierres apparentes, d'une maison abritant un logement de gardien, ainsi que de bâtiments de service.

Automatisé, gardienné, il ne se visite pas.

La Teignouse

Mis en service en janvier 1845, situé sur le rocher de la Teignouse, à l'est de la chaussée et au nord du passage du même nom, il se présente comme une tour cylindrique en maçonnerie lisse, surmontée d'une cabine et d'un support octaédrique sur lequel est installé l'aérogénérateur. À proximité immédiate s'élève un petit bâtiment de service.

Automatisé, télécontrôlé, non gardienné, il ne se visite pas.

t-Maria Phare à terre.
rdonnées géographiques : 47° 28' 48" N - 03° 07' 29" W.
teur totale : 24,80 mètres (30,40 mètres au-dessus du
au de la mer). Optique : lentille horizon, focale 0,25 m.
irage par lampe halogène 180 W. Feu scintillant bleu,
e et vert 1 s. Portée 14 milles.

La Teignouse
Phare en mer.
Coordonnées géographiques :
47° 27' 47" N - 03° 02' 78" W.
Hauteur totale : 20,05 mètres
(23,25 mètres au-dessus du
niveau de la mer).
Optique : lentille horizon,
focale 0,25 m. Éclairage par
lampe halogène 180 W. Feu
blanc et rouge à éclats 4 s.
Portée 14,5 milles.

Port-Navalo
Phare à terre.
Coordonnées géographiques :
47° 32' 54" N - 02° 55' 07" W.
Optique : lentille horizon, focale
0,25 m. Éclairage par lampe
halogène 180 W. Feu blanc,
rouge et vert à 3 occultations
12 s. Portée 15 milles.

Port-Navalo

Mis en service en février 1895, en remplacement d'un premier phare datant de 1840, il est situé côté est de l'entrée du golfe du Morbihan, à l'ouest du port de Port-Navalo, sur la pointe de la presqu'île de Rhuys. Il est constitué de deux tours cylindriques en maçonnerie lisse. La moins haute est celle de l'ancien phare, l'autre, qui porte la lanterne, est reliée par un couloir à une maison abritant un logement.

Automatisé, non gardienné, il ne se visite pas.

Penlan

Situé sur la pointe de Penlan, côté nord de l'embouchure de la Vilaine, il est constitué d'une tourelle carrée en maçonnerie lisse, accolée à une maison en forme de T abritant un logement de gardien. À proximité se dresse un bâtiment de service. Mis en service en 1882, il remplace un premier

Penlan
Phare à terre.
Coordonnées géographiques :
47° 31' 00" N - 02° 30' 10" W.
Hauteur totale : 17,93 mètres
(27,99 mètres au-dessus du
niveau de la mer).
Optique : lentille horizon, focale
0,26 m. Éclairage par lampe
halogène 180 W. Feu blanc,
rouge et vert à 2 occultations
6 s. Portée 14,5 milles.

établissement construit en 1839. Des bâtiments occultant le feu, la tour a été exhaussée en 1975.

Automatisé, non gardienné, il ne se visite pas.

Les Grands-Cardinaux

Signalant les approches de la baie de Quiberon, ce phare, mis en service en janvier 1880, est situé sur le rocher Grougues-Gués de la chaussée des Cardinaux, au sud-est de l'île de Hoëdic. Il se présente comme une tour légèrement tronconique en maçonnerie lisse.

Automatisé, télécontrôlé à partir de Goulphar, non gardienné, il ne se visite pas.

Les Grands-Cardinaux
Phare en mer.
Coordonnées géographiques :
47° 19' 18" N - 02° 50' 08" W.
Hauteur totale : 27 mètres (30 mètres au-dessus du niveau de la mer).
Optique : lentille horizon, focale 0,25 m. Éclairage par lampe 80 W. Feu blanc à 4 éclats 15 s. Portée 13 milles.

Estuaire de la Loire

Avec ses havres, ses mouillages et ses ports...

...aisément accessibles, ouvrant vers l'est la seule grande trouée fluviale reliant la façade atlantique au centre de la France, étape maritime privilégiée entre l'Espagne et l'Europe du Nord, l'estuaire de la Loire a très tôt joué un rôle économique de première importance. À l'âge du bronze, déjà, l'étain britannique remontait le fleuve, et sous l'Empire romain, Nantes était la plus importante des villes d'Armorique. Le commerce du sel, des grains et des vins assure la prospérité des ports de la « rivière » — c'est ainsi qu'était autrefois baptisé l'estuaire — avant que l'essor des relations maritimes avec l'Afrique et les Amériques ne fasse la fortune des armateurs nantais. Au XVIIIe siècle, Nantes était le troisième port de France, et son premier port négrier. Malgré les désastres économiques de la Révolution et des guerres de Vendée, le trafic ne cesse de croître au XIXe siècle, au point de rendre nécessaire la création, en 1856, de l'avant-port de Saint-Nazaire. Le centre de gravité du commerce maritime européen s'est aujourd'hui déplacé vers la Manche et la mer du Nord, mais l'ensemble portuaire qu'abrite l'estuaire de la Loire demeure l'un des plus actifs de France. Ce qui explique, outre sa longue histoire d'amour avec l'Océan, la densité des phares, feux, balises et bouées qui en signalent l'entrée...

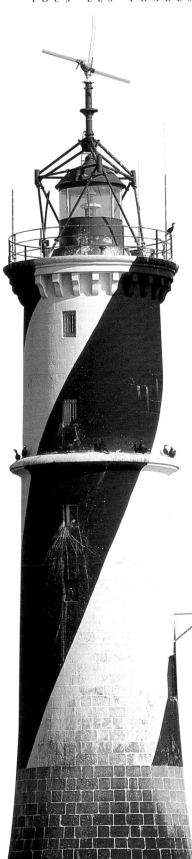

Le Four

Situé à l'extrémité nord-est du plateau du Four, à 3,5 milles environ à l'ouest de la pointe du Croisic, d'où l'on peut apercevoir aisément sa silhouette, le phare du Four — à ne pas confondre avec son homonyme finistérien — serait (sous toute réserve) le premier établissement lumineux édifié au large des côtes françaises sur un plateau rocheux. En effet, bien qu'antérieur, Cordouan a été construit à l'origine sur un îlot — ainsi que l'atteste une charte de 1409 qui y évoque la présence d'un village — et pourrait ne pas être considéré comme le plus ancien des phares de haute mer. Construit de 1816 à 1821, il fut mis en service en janvier 1822, mais sa hauteur se révéla vite insuffisante, et en 1846 il fut exhaussé de 6,20 mètres. Son accès reste difficile : la vedette de servitude ou le baliseur ne peuvent accoster à sa jetée d'accès, et doivent mouiller à 600 mètres environ. Il faut donc utiliser un canot pour l'atteindre, de préférence deux heures avant la basse mer.

Il est constitué d'une tour cylindrique en maçonnerie de pierre de taille de granit assisée avec partie inférieure élargie en maçonnerie lisse.

Le premier gardien nommé au phare du Four s'appelait Gaspard Demay. Dans un rapport du 12 septembre 1821 adressé à un supérieur hiérarchique, il se plaint, après s'être excusé de mal écrire, que la pluie pénètre partout, et que l'eau envahit la tour, « ce qui fait que nous avons été tous deux malades par le rhume, toujours dans l'humidité et sans secours... ». Il finit en demandant une attribution... de balais ! Dans un autre rapport daté du 4 juillet 1822, il écrit au responsable du service pour l'avertir que son collègue boit plus que de raison, au point de tomber sur l'une des glaces de la lanterne. En outre, il l'accuse de verser de l'eau dans la barrique pour rectifier le niveau, au point d'en faire un vin « gaspigliagé »...

Automatisé, télécontrôlé et non gardienné, il ne se visite pas.

Le Four
Phare en mer.
Coordonnées géographiques :
47° 17' 53" N - 02° 38' 06" W.
Hauteur totale au-dessus du sol :
33,92 mètres.
Optique tournante, distance focale
0,15 m. Éclairage par lampe halogène
90 W. Feu blanc à éclats 5 s.
Portée 19 milles.

Aiguillon

Phare à terre.
Coordonnées géographiques : 47° 14'36" N - 02° 15'42" W.
Hauteur totale au-dessus du niveau de la mer : 34,80 mètres.
Optique : lentille 3/5 d'horizon, focale 0,50 m. Éclairage par lampe à halogène 90 W. Feu blanc à 4 occultations 10 s. Portée 14 milles.

Aiguillon

Situé sur la pointe de l'Aiguillon, côté nord de l'estuaire de la Loire, ce phare a été construit en 1756 simultanément avec la tour du Commerce pour indiquer la passe des Charpentiers. En 1830, il est doté d'un appareil lenticulaire Fresnel, puis exhaussé et remanié en 1858, avant d'être rescindé de 9 mètres de hauteur en 1906 et finalement électrifié en 1935. Il est constitué d'une tour cylindrique en maçonnerie lisse surmontée d'un voyant de visibilité pyramidal carré supportant une plate-forme métallique circulaire.

Automatisé, télécontrôlé et non gardienné, il ne se visite pas.

Le Grand Charpentier

Situé à l'embouchure de la Loire, au sud-ouest du port de Saint-Nazaire, sur l'écueil du Grand Charpentier, et à 1,3 mille de la pointe de Chemoulin d'où on peut l'observer, le phare a été construit de 1884 à 1887, et mis en service en janvier 1888. Il a été électrifié par câble sous-marin en 1966. Il se présente sous la forme d'une tour tronconique élargie à la base, en maçonnerie de pierres apparentes. Le baliseur ou la vedette de servitude ne peuvent accéder à la jetée du phare et doivent mouiller à environ 300 mètres au large. L'accès ne peut donc se faire que par canot, de préférence deux heures avant la basse mer.

Automatisé et non gardienné, il ne se visite pas.

Le Grand Charpentier
Phare en mer.
Coordonnées géographiques :
47° 12' 51" N - 02° 19' 09" W.
Hauteur totale au-dessus du sol :
26,55 mètres.
Optique d'horizon, focale 0,25 m. Éclairage par lampe préfocalisée à incandescence de 150 W. Feu scintillant à secteurs, de coloration blanche, rouge et verte 1,5 s. Portée 14 milles.

Pointe Saint-Gildas
Phare à terre.
Coordonnées géographiques
47° 08' 00" N - 02° 14' 48" W.
Hauteur du plan focal (par
rapport au zéro des cartes
marines) : 25,71 mètres.
Optique : lentilles d'horizon,
focale 0,25 m. Éclairage par
lampe à halogène 180 W.
Feu scintillant blanc, rouge et
vert 1,2 s. Portée 14 milles.

La Banche
Phare en mer.
Coordonnées géographiques :
47° 10' 07" N - 02° 28' 00" W.
Hauteur totale au-dessus du
sol : 30,30 mètres.
Optique d'horizon, focale
0,50 m. Éclairage par lampe
aux halogènes 180 W, montée
sur changeur automatique à
6 lampes. Feu à éclats à
secteurs blancs et rouges 15 s.
Portée 15 milles.

La Banche

Situé à l'embouchure de la Loire (baie du Pouliguen), au sud-est du plateau rocheux de la Banche, le phare fut construit à partir de 1862, et son allumage eut lieu en août 1865. Il s'agit d'une tour tronconique en maçonnerie lisse avec partie inférieure en pierres de granit apparentes de Batz. Sur la plate-forme supérieure, un abri métallique en forme de quart de couronne est accolé du côté sud-ouest à la murette de la lanterne et sert de local batteries. Il est impossible d'accoster à la jetée du phare, et la vedette de servitude ou le baliseur doivent mouiller à environ 1 400 mètres. L'accès se fait donc par canot, de préférence deux heures avant la basse mer.

Automatisé, télécontrôlé et non gardienné, il ne se visite pas.

Pointe de Saint-Gildas

Ce phare récent — il a été mis en service en 1954 — est situé à l'extrémité de la pointe de Saint-Gildas, côté nord de la baie de Bourgneuf, dans la partie sud-est de l'estuaire de la Loire. Il est constitué d'un pylône cylindrique métallique de couleur verte bâti sur le toit-terrasse d'un sémaphore désaffecté, construit en 1861. Cet édifice est de forme irrégulière, en maçonnerie lisse blanche avec chaînes d'angles en maçonnerie de pierres apparentes. La silhouette actuelle de l'ancien sémaphore date de juillet 1993, suite à l'arasement pour vétusté d'une batterie qui le surplombait, et à l'implantation de la structure métallique sur le toit-terrasse.

Automatisé, télécontrôlé à partir du Centre d'Exploitation et d'Intervention de Saint-Nazaire, non gardienné, il ne se visite pas.

Le Pilier

Élevé sur le Pilier, un îlot d'environ 5,5 hectares cadastré sur la commune de Noirmoutier-en-l'Ile — mais en fait géré conjointement par le Conservatoire du Littoral et l'État — ce phare situé géographiquement en Vendée dépend pourtant administrativement depuis 1905 de la Subdivision des Phares et Balises de Saint-Nazaire.

Il constitue en effet un maillon indispensable du balisage lumineux des abords sud de l'estuaire de la Loire. Une première tour fut bâtie sur l'îlot à partir de 1827, et mise en service le 1er février 1829. Mais l'essor de la navigation, surtout nocturne, amena les marins à demander la couverture par des secteurs colorés des roches de la Couronnée, au nord, et du plateau des Bœufs, au sud-est. Pour que la portée soit suffisante, il fallut remplacer en 1872 les lampes à trois mèches par des lampes à cinq mèches alimentées à l'huile de schiste. Si le résultat fut satisfaisant pour la navigation, il n'en fut pas de même pour la lanterne et

les gardiens. Le nouveau procédé d'éclairage dégageait une telle chaleur que la coupole se dessoudait, laissant passer par temps de pluie d'importantes quantités d'eau, évidemment dommageables pour les lampes et l'optique. Les gardiens, quant à eux, déjà mal à l'aise dans une lanterne trop étroite et encombrée par les miroirs catadrioptiques de l'optique, subissaient un véritable enfer dans le four qu'était devenue l'installation. Aussi fut-il décidé de construire une nouvelle tour capable de supporter une lanterne plus adaptée à l'importance du feu. C'est le phare que nous pouvons voir aujourd'hui : commencé en avril 1875, il fut mis en service en septembre 1876. Il est constitué d'une tour en maçonnerie de moellons en forme de tronc de pyramide quadrangulaire couronnée par une murette de galerie en briques rouges et montée sur un soubassement carré en maçonnerie de pierres apparentes. L'ancienne tour n'a pas été démolie, et supporte actuellement l'antenne d'une radiobalise qui n'a toujours pas été démontée, malgré l'interruption définitive de son fonctionnement en décembre 1985.

Automatisé, télécontrôlé depuis Saint-Nazaire, non gardienné, le phare ne se visite pas.

Le Pilier

Phare en mer.
Coordonnées géographiques :
47° 02' 35" N - 02° 21' 36" W.
Hauteur totale au-dessus du sol : 34,20 mètres.
Optique d'horizon tournante, 3 panneaux au 1/5, focale 0,70 m. Éclairage par lampe à halogène 250 W. Feu à 3 éclats blancs 20 s. Portée 26,5 milles.

Vendée-Poitou-Charentes

En quittant le Bretagne, on a laissé derrière soi les chaussées semées de récifs, les îles déchiquetées par les grandes houles de l'Atlantique...

... les courants meurtriers, les caps et les raz hantés par le souvenir des naufrages. Entre Loire et Gironde, le littoral se fait moins redoutable pour la navigation. Ce qui ne signifie pas pour autant qu'il soit exempt de dangers, loin de là. Les pièges y sont nombreux, et la vertu essentielle du marin, l'humilité devant la mer, y reste aussi nécessaire qu'ailleurs. Ce qui ne signifie pas non plus qu'il soit monotone : mouvant et divers, il alterne côtes rocheuses, crêtes de dunes, polders et marais, tandis que s'égrène au large un chapelet de grandes îles, Noirmoutier, Yeu, Ré, Aix ou Oléron. Mais on est loin des splendeurs brutales de l'Armor : la lumière se fait plus douce, le soleil plus chaud, et l'Océan moins sauvage... Les villages aux maisons blanches bordées de roses trémières ont certains jours d'été des allures presque méditerranéennes... Les phares, quant à eux, font moins figure

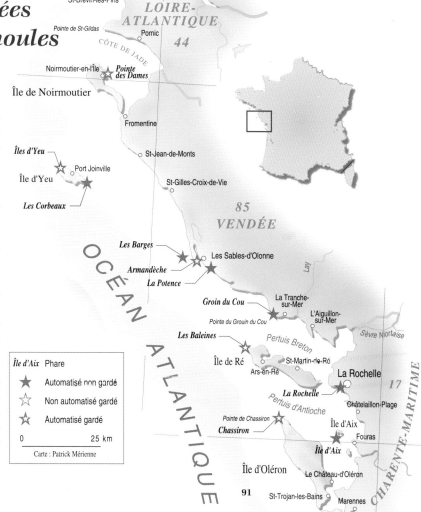

Légende de la carte :

Île d'Aix	Phare
★	Automatisé non gardé
☆	Non automatisé gardé
⭐	Automatisé gardé

0   25 km

Carte : Patrick Mérienne

...iron.

91

Pointe des Dames
Phare d'île habitée.
Coordonnées géographiques :
47° 00' 699 N - 02° 13' 266 W.
Hauteur totale : 18,77 mètres.
Optique horizon 360°, focale
0,25 m. Éclairage par lampe
halogène 1 000 W. Feu blanc,
vert et rouge à 3 occultations
groupées 12 s. Portée 16,5 milles.

de sentinelles farouches guettant l'horizon comme un ennemi. Mais leur nécessité s'est fait sentir très tôt, puisque certains d'entre eux — Cordouan, Les Baleines et Chassiron — comptent parmi les plus anciens de France — et sont de tels chefs-d'œuvre architecturaux, Cordouan par-dessus tous les autres, qu'ils semblent signifier, comme un symbole de l'hommage des marins à l'Océan, un traité de paix entre la mer et la terre...

Pointe des Dames

Situé au nord-est de l'île de Noirmoutier, à 2 600 mètres environ de l'en-trée du port de Noirmoutier, c'est l'un des plus anciens phares de Vendée conservé en l'état depuis sa mise en service en juillet 1865, à l'exception de la partie optique et électricité modernisée au début des années 50. Il est constitué d'une tour carrée en maçonnerie lisse et chaines d'angles avec couronnement en maçonnerie de pierres apparentes, surmontant le pignon sud-est d'une maison rectangulaire en maçonnerie lisse avec chaines d'angles en maçonnerie de pierres apparentes.

Automatisé, gardienné — hasard ou humour, par une femme — il ne se visite pas.

Les Corbeaux
Phare d'île habitée.
Coordonnées géographiques :
46° 41' 449 N - 02° 17' 099 W.
Hauteur totale : 19,20 mètres.
Optique : lentille 6 panneaux,
focale 0,25 m. Éclairage par
lampe halogène 650 W. Feu
rouge à éclats tournants 15 s.
Portée 18,5 milles.

Ile d'Yeu
Phare d'île habitée.
Coordonnées géographiques :
46° 43' 060 N - 02° 22' 930 W.
Hauteur totale : 37,50 mètres.
Optique tournante à
4 panneaux, focale 0,30 m.
Éclairage par lampe halogène
650 W. Feu blanc à éclats
régulier tournants 5 s.
Portée 22,5 milles.

Ile d'Yeu

L'établissement originel, mis en service en 1830, a été détruit pendant la Seconde Guerre mondiale. Le phare actuel date des années 50, et consiste en une tour à section sensiblement carrée en béton armé sur un soubassement pyramidal quadrangulaire en maçonnerie de pierres apparentes formant un groupe avec divers bâtiments. Il sert de relais hertzien au Crossa Etel et abrite un radiophare.

Gardienné, il est visitable.

Les Corbeaux

Situé sur la pointe des Corbeaux, à l'extrémité sud-est de l'île d'Yeu, il comporte une tour pyramidale en maçonnerie lisse, à section carrée, accolée à la face sud d'une maison rectangulaire formant un groupe avec divers bâtiments. Mis en service en 1868, il a été détruit pendant la dernière guerre, et reconstruit dans les années 50. À proximité se trouve un émetteur de radio-navigation Toran de la chaîne Sud-Gascogne.

Automatisé, télécontrôlé depuis le grand phare de l'île d'Yeu, il ne se visite pas.

Feu de la Chaume

section hexagonale sert de support à un émetteur de radionavigation Toran et de relais hertzien au Crossa Etel.

Automatisé, télécontrôlé depuis Les Sables-d'Olonne, non gardienné, il ne se visite pas

Armandèche
Phare à terre.
Coordonnées géographiques :
46° 29' 411 N - 01° 48' 308 W.
Hauteur totale : 38,96 mètres.
Optique tournante 3 panneaux,
distance focale 0,25 m.
Éclairage par lampe halogène
650 W. Feu blanc à 3 éclats
groupés tournants 15 s.
Portée 22,5 milles.

Les Barges
Phare en mer.
Coordonnées géographiques :
46° 29' 750 N - 01° 50' 420 W.
Hauteur totale : 31,30 mètres.
Optique tournante 4 panneaux,
focale 0,25 m. Éclairage par
lampe halogène 20 W. Feu
rouge à 2 éclats groupés tour-
nants 10 s. Portée 13,5 milles.

Armandèche

Situé sur le rivage au lieu-dit l'Armandèche, à l'ouest du port des Sables-d'Olonne, il est le dernier grand phare de France à avoir été construit, à la fin des années 60. L'objectif était de disposer sur la côte des Sables-d'Olonne d'un phare d'atterrissage qui ne soit pas masqué par l'urbanisation galopante, comme l'avait été celui de la Chaume, depuis lors déclassé et devenu un feu. La tour en béton armé peint — fût blanc, partie supérieure rouge — de

La Potence
Phare à terre.
Coordonnées géographiques :
46° 29' 620 N - 01° 46' 150 W.
Hauteur totale : 20,20 mètres.
Optique : projecteurs Mazda modèles
Toucan. Éclairage par lampe
halogène 1 000 W. Feu blanc 1 éclat 4 s.
Portée 16 milles.

Les Barges

Situé à l'ouest du port des Sables-d'Olonne sur le rocher de la Grande Barge, mis en service en octobre 1861, il a été en 1970 le premier phare français en mer à être automatisé. Après une solution avec aérogénérateur de 1970 à 1995, il est aujourd'hui équipé de panneaux solaires photovoltaïques. Il consiste en une tour tronconique, élargie à la partie inférieure, en maçonnerie de granit.

Automatisé, télécontrôlé depuis Les Sables-d'Olonne, non gardienné, il ne se visite pas.

La Potence

Ce phare, bâti à 330 mètres au sud-est du port des Sables-d'Olonne forme un alignement avec un feu situé sur le perré de la promenade du remblai. Mis en service en septembre 1874, il est constitué d'une tour carrée en maçonnerie lisse avec couronnement et chaînes d'angles en maçonnerie de pierres apparentes surmontant une maison rectangulaire qui abrite les bureaux de la Subdivision Phares et Balises des Sables-d'Olonne.

Automatisé, il ne se visite pas.

Grouin-du-Cou

Situé à La Tranche-sur-Mer, au nord du Pertuis Breton, sur la pointe du Grouin-du-Cou, ce phare a été mis en service en juillet 1831. Détruit en août 1944, il a été reconstruit au début des années 50. L'établissement actuel comprend une tourelle légèrement pyramidale à section octogonale avec partie inférieure carrée, en maçonnerie lisse, avec encorbellement à la partie supérieure, sur un soubassement carré en maçonnerie lisse, formant un groupe avec plusieurs bâtiments.

Automatisé, télécontrôlé depuis Les Sables-d'Olonne, non gardienné, il ne se visite pas.

Grouin-du-Cou
Phare à terre.
Coordonnées géographiques :
46° 20' 693 N - 01° 27' 833 W.
Hauteur totale : 16,33 mètres.
Optique : lentille 6 panneaux,
focale 0,25 m. Éclairage par
lampe halogène 180 W. Feu à
4 secteurs — rouge, blanc, vert,
blanc — à éclats réguliers
tournants 5 s. Portée 20 milles.

Les Baleines

Chauveau

Les Baleines

Phare d'île habitée.
Cordonnées géographiques :
46° 14' 070 N - 01° 33' 070 W.
Hauteur de la tour : 57,10 mètres
(59,10 mètres au-dessus des plus
hautes mers).
Optique : 2 lentilles 8 panneaux
au 1/8, focale 0,30 m. Éclairage
par 2 lampes halogènes 500 W.
Feu à 4 éclats blancs 15 s.
Portée 21 milles.

Chauveau

Phare en mer.
Coordonnées géographiques :
46° 08' 095 N - 01° 16' 335 W.
Hauteur de la tour : 30,70 mètres.
Optique : lentille 4/5 horizon,
focale 0,50 m. Éclairage par
lampe halogène 80 W.
Feu blanc et rouge
à 2 + 1 occultations 12 s.
Portée maximale 15 milles.

La Rochelle,
quai Valin, phare postérieur
Phare à terre.
Coordonnées géographiques :
46° 09' 22" N - 01° 09' 06" W.
Hauteur de la tour : 26,20 mètres.
Optique : lentille directionnelle,
focale 0,50 m. Éclairage par
lampe halogène 180 W. Feu blanc
scintillant 1,2 s. Portée 14 milles.

La Rochelle

CHARENTE-MARITIME

Sur le littoral de ce département — et plus exactement sur les deux grandes îles qui lui appartiennent administrativement, Ré et Oléron — s'élèvent deux des phares les plus anciens de France. Construits sous le règne de Louis XIV, bien avant l'âge d'or de la pharologie — qui, rappelons-le, s'étend du début du XIXe siècle au milieu de notre siècle — ils sont les témoins des premières tentatives menées par Colbert pour doter les côtes françaises d'un système de balisage lumineux dignes d'une puissance maritime qui, à l'époque, tentait de concurrencer l'hégémonie anglaise et hollandaise. Le rôle des ports charentais était alors primordial. Le développement du trafic en direction de l'Afrique, des Amériques et des Antilles — en particulier celui du commerce triangulaire — et l'importance militaire et stratégique de La Rochelle et de Rochefort expliquent qu'à une époque où la signalisation maritime était encore plus que sommaire sur l'ensemble du littoral français, deux phares, les Baleines et Chassiron, aient été construits en quelques années sur les côtes charentaises, assurant, en complément avec Cordouan (voir le chapitre consacré à ce phare), la sécurité de l'une des lignes maritimes alors les plus fréquentées, tout en servant aux militaires d'observatoires maritimes. Tous deux avaient pour rôle essentiel de signaler les dangereux rochers des Baleines et d'Antioche, et de guider les navires vers les mouillages de La Rochelle, de Rochefort, de Ré et d'Oléron.

Les Baleines

Édifié sur la pointe nord-ouest de l'île de Ré, le phare actuel a été construit à partir de 1849, en même temps que celui des Baleineaux, sur le haut banc du Nord, et mis en service en 1854. Il remplaçait la tour de 1682, devenue insuffisante pour les besoins de la navigation. Il s'agit d'une tour octogonale avec encorbellement à la partie supérieure, en maçonnerie de pierres apparentes, accolée à un bâtiment rectangulaire également en maçonnerie de pierres apparentes. À son pied, quatre projecteurs destinés à la protection des oiseaux migrateurs fonctionnent aux heures d'allumage. L'ancien phare, haut de 21 mètres, n'a pas été détruit. Situé à 80 mètres de la nouvelle tour, il abrite désormais deux logements de gardiens.

Semi-automatique — l'allumage est commandé par cellule photo-électrique, mais la rotation de l'optique est entraînée manuellement —, il abrite également un radiophare et une station GPS différentiel. Il est gardienné et visitable.

Chauveau

Bâti au sud-sud-est de la pointe de Chauveau, située au sud de l'extrémité sud-est de l'île de Ré, ce phare se présente comme une tour légèrement tronconique en maçonnerie lisse. On y accède soit avec une embarcation à marée haute, soit à pied par une jetée en maçonnerie de pierres apparentes à marée basse.

Automatisé, il ne se visite pas.

Chassiron

Le phare d'origine, bâti en 1685, a été démoli et remplacé, à 100 mètres

environ, par l'établissement actuel, mis en service en 1834. Il est constitué d'une tour cylindrique en maçonnerie lisse dominant un bâtiment, également en maçonnerie lisse, abritant deux logements de gardiens dont l'un pour le personnel de passage. On accède à la lanterne par un escalier de 224 marches. À 25 mètres environ de la tour, des constructions ont été aménagées pour recevoir l'annexe de la salle des machines, la salle des moteurs et le magasin à carburant.

Automatisé et gardienné, il est visitable.

La Rochelle, quai Valin, phare postérieur

Mise en service en décembre 1970, la Tour du quai Valin s'élève côté est du port, au nord-est du bassin inté-

rieur. L'établissement comprend une tour octogonale en maçonnerie lisse accolée à la face ouest d'une maison à usage de logement.

Automatisé, non gardienné, il ne se visite pas.

Ile d'Aix

Situé sur le fort d'Aix, côté ouest de la pointe sud de l'île, le phare est constitué de deux tours cylindriques en maçonnerie lisse, chacune d'elles sur un soubassement cylindrique également en maçonnerie lisse. La tour la plus à l'est, mise en service en 1889, porte le feu ; l'autre, construite en 1906, porte l'écran du secteur rouge.

Automatisé, télécontrôlé à partir de La Pallice, il est non gardienné et non visitable.

Ile d'Aix
Phare d'île habitée.
Coordonnées géographiques :
46° 00' 600 N - 01° 10' 683 W.
Hauteur totale : 25,30 mètres.
Optique : lentille 4 panneaux au 1/4, focale 0,25 m. Éclairage par lampe halogène 500 W. Feu blanc et rouge 5 s. Portée 24 milles.

Chassiron
Phare d'île habitée.
Coordonnées géographiques :
46° 02' 517 N - 01° 24' 323 W.
Hauteur du support : 56 mètres.
Optique : lentille à 8 panneaux, focale 0,92 m. Éclairage par lampe 1 500 W. Feu à éclats blancs 10 s. Portée 28 milles.

De l'estuaire de la Gironde aux Pyrénées

Même si le port de Bordeaux ne joue plus le rôle qui a été le sien jusqu'au début du XIXᵉ siècle — le commerce triangulaire et l'exportation des vins en avaient fait l'un des tout premiers du monde — la navigation dans la Gironde demeure intense, et présente de nombreux périls, au point que, encore aujourd'hui, les navires ne peuvent l'emprunter que sous la direction de pilotes très expérimentés. Ce qui explique le nombre élevé des phares qui signalent l'entrée de l'estuaire : ils sont six, la Coubre, la Palmyre, Terre-Nègre, Cordouan, la pointe de Grave et Saint-Nicolas... Cordouan est un monument à ce point exceptionnel que nous lui consacrerons un chapitre à part...

La Coubre

Mis en service en janvier 1905, il est bâti au nord de l'estuaire de la Gironde, sur la pointe de la Coubre. Il remplace plusieurs édifices successifs. En 1860 avait été construite une tour en bois en forme de pyramide, d'une trentaine de mètres de haut, supportant une lanterne en tôle où étaient brûlées des huiles de palme, de baleine et de colza. Désaffectée, puis démolie, elle sera remplacée en 1895 par une construction en dur d'environ

Île d'Oléron
Le Château-d'Oléron
St-Trojan-les-Bains
CHARENTE-MARITIME 17
La Tremblade
Pointe de la Coubre
La Coubre
La Palmyre — St-Palais-sur-Mer
Terre-Nègre
Cordouan — Royan
Pointe de Grave — Pointe de Grave
Le Verdon-sur-Mer
Soulac-sur-Mer
GIRONDE
Montalivet-les-Bains
Hourtin-Plage
Pauillac
Hourtin
Étang d'Hourtin-Carcans
Carcans-Plage — Blaye
Lacanau-Océan
Étang de Lacanau
GIRONDE 33
Dordogne
Garonne
OCÉAN ATLANTIQUE
Arès
Bassin d'Arcachon — Andernos-les-Bains
Cap-Ferret — Audenge
Cap-Ferret — Arcachon
Cap Ferret — Pyla-sur-Mer
Lac de Cazaux
Biscarrosse-Plage
Lac de Biscarrosse
Mimizan Plage
Contis
LANDES 40
St-Girons-Plage
GOLFE DE
Vieux-Boucau-les-Bains
GASCOGNE
Hossegor
Capbreton
Labenne-Océan
Biarritz
Bayonne
Adour
CÔTE D'ARGENT
Cap du Figuier
Bidart — Biarritz
Guéthary
Hendaye — St-Jean-de-Luz
Ciboure — Nive
PYRÉNÉES-ATLANTIQUES 64
SAN SEBASTIAN (DONOSTIA)

Hourtin	Phare
★	Automatisé non gardé
☆	Non automatisé gardé
⍟	Automatisé gardé

0   25 km

Carte : Patrick Mérienne

La Coubre
Phare à terre.
Coordonnées géographiques :
45° 41' 800 N - 01° 14' 000 W.
Hauteur du support :
64,50 mètres.
Optique tournante,
lentille 4 panneaux au 1/4,
focale 0,50 m. Éclairage par
lampe halogène 1 000 W,
changeur à 6 lampes.
Feu blanc 2 éclats 10 s.
Portée 28 milles.

cinquante mètres de haut, mais qui située trop près de la mer, finira par s'écrouler en 1907. Le phare actuel comprend une tour légèrement tronconique élargie à la partie inférieure, avec encorbellement à la partie supérieure, en maçonnerie lisse, formant un groupe avec diverses constructions abritant deux logements de gardiens, une chambre pour le personnel de passage, la salle des machines et du radiophare ainsi qu'une station GPS différentiel d'une portée de 330 milles.

Automatisé, mais non télécontrôlé, il est gardienné et visitable.

La Palmyre

Mis en service en 1949, ce phare est situé côté nord de l'estuaire de la Gironde, au sud-est de la pointe de la Coubre, dans la forêt de la Palmyre, sur une dune de sable de 16 mètres de haut. Un précédent édifice, construit à partir de 1865 sur les plans de Gustave Eiffel et allumé en 1870, fut dynamité fin 1944 par les Allemands. Entièrement métallique, haut de 25 mètres, il présentait une curieuse silhouette : trois pieds reposant sur d'énormes rondelles maçonnées supportaient la chambre de service et la lanterne, auxquelles on accédait par un escalier abrité dans une colonne cylindrique de 2 mètres de diamètre. Le phare actuel est constitué d'une tour à section en forme de U en maçonnerie lisse accolé à un bâtiment rectangulaire.

Automatisé, télécontrôlé par téléphone, non gardienné, il est géré par le Service de Phares et Balises du Verdon. Il ne se visite pas.

La Palmyre
Phare à terre.
Coordonnées géographiques : 45° 39' 800'' N - 01° 07' 20
Hauteur du support : 36,20 mètres (62,70 mètres au-des
du niveau de la mer).
Optique de direction au 1/4, focale 0,25 m. Éclairage p
lampe halogène 650 W. Feu blanc scintillant 1,2 s dans
l'alignement à 81° 30', feu rouge fixe dans l'alignement
à 327°. Portée 27 milles. © S. Roy.

Terre-Nègre

Situé sur la pointe de Terre-Nègre, rive droite de l'estuaire de la Gironde, à l'ouest-nord-ouest de Royan, ce phare mis en service en 1838 remplace un édifice antérieur, bâti en 1807, mais d'une hauteur insuffisante. Il fut miné par les Allemands dès la fin 1943, mais l'ordre de destruction ne fut jamais donné. Des tirs de canons lui ont cependant fait subir d'importants dommages en avril 1945. Il se présente comme une tour cylindrique en maçonnerie de pierres lisse dominant une maison carrée qui abrite un logement et un local de service.

Automatisé, non télécontrôlé, il est gardienné mais ne se visite pas.

Pointe de Grave

Situé sur la pointe de Grave, dans la partie sud de l'estuaire, ce phare est constitué d'une tour carrée en maçonnerie lisse avec chaînes d'angles en maçonnerie de pierres apparentes, sur un soubassement carré en maçonnerie de pierres apparentes, accolée à la face est d'un bâtiment rectangulaire en maçonnerie lisse. Au nord, à 200 mètres environ, s'élève un sémaphore blanc.

Automatisé et gardienné, il est visitable. Il abrite le musée du Phare de Cordouan, ouvert le week-end de Pâques à fin juin, et toutes les après-midi du 1er juillet au 15 septembre.

Pointe de Grave
Phare à terre.
Coordonnées géographiques :
45° 34' 07" N - 01° 03' 58" W.
Hauteur totale : 29,20 mètres.
Optique : lentille 4/5, focale
0,50 m. Éclairage par lampe
halogène 650 W.
Feu à occultations blanc,
rouge et vert 4 s.
Portée 19 milles.

Terre-Nègre
Phare à terre.
Coordonnées géographiques : 45° 38' 850" N - 01° 06' 280" W.
Hauteur du support : 26,64 mètres.
Optique : lentille 1/2 hor., focale 0,25 m.
Éclairage par lampe halogène 650 W.
Feu blanc, rouge et vert à 3 occultations 12 s.
Portée 18 milles.

Entre Hourtin et Biarritz, ils ne sont que quatre à veiller sur un cordon rectiligne de sable et de dunes, frontière mince et mouvante entre les vagues de l'océan et celles de la plus vaste forêt de France. Quatre à éclairer une côte apparemment sans surprise, sans caps félons, sans chaussées traîtresses ni récifs hypocrites, mais qui ne doit pas pour autant faire illusion : la violence des courants, les tempêtes soudaines, les vents et les houles qui ont pris leur élan sur l'autre rive de l'Atlantique et rencontrent avec les côtes girondine, landaise et basque leur premier vrai obstacle font du golfe de Gascogne une zone redoutée. C'est pourquoi tous les marins transitant dans la zone connaissent ces veilleurs solitaires que sont, du nord au sud, les phares d'Hourtin, du cap Ferret, de Contis et de Biarritz...

Hourtin

Situé dans les dunes, à l'ouest de l'étang d'Hourtin, entre la pointe de Grave et le cap Ferret, ce phare est une tour carrée en maçonnerie de briques apparentes avec chaînes d'angles et encorbellement en maçonnerie de pierres apparentes sur un soubassement en maçonnerie de pierres apparentes. On trouve à 10 mètres à l'ouest un groupe de bâtiments abritant deux logements de gardiens, la salle des machines et les dépendances. À 200 mètres au sud s'élève la tour carrée de l'ancien phare, de construction analogue à celle du phare actuel.

L'établissement est automatisé et télécontrôlé. Non gardienné, il ne se visite pas.

Cap Ferret

Il est situé sur le cap Ferret, à 3 100 mètres environ au nord de l'extrémité sud du cap, et côté nord de l'entrée du chenal d'accès au bassin d'Arcachon. Constitué d'une tour tronconique en maçonnerie lisse, dodécagonale à la partie supérieure de briques apparentes, avec couronnement circulaire en maçonnerie de pierres apparentes, sur un soubasse-

Hourtin
Phare à terre.
Coordonnées géographiques :
45° 08' 32" N - 01° 09' 44" W.
Hauteur au-dessus de la mer :
58,20 mètres.
Optique : lentilles 4 panneaux
au 1/4, focale 0,35 m.
Éclairage par lampe halogène
650 W. Feu à éclats blancs 5 s.
Portée 23 milles. © P. Joubert.

Cap Ferret
Phare à terre.
Coordonnées géographiques :
44° 38' 803" N - 01° 14' 85" W.
Hauteur totale : 57,92 mètres.
Optique : lentille 4 panneaux au 1/4,
focale 0,70 m. Éclairage par lampe
halogène 100 W. Feu à éclats rouges 5 s.
Portée 27 milles. © CDT Cap Ferret.

ment tronconique relié par une galerie à un bâtiment rectangulaire abritant la salle des machines, l'établissement comporte en outre cinq logements pour les gardiens et les personnels de passage. À 1 720 mètres au sud s'élève un sémaphore à la tour cylindrique blanche.

Télécontrôlé et gardienné, il est visitable.

Contis

Le phare de Contis ne ressemble à aucun autre. D'abord parce qu'il s'élève au sommet d'une dune haute de 12 mètres située à près de 1 kilomètre de la côte. Ensuite parce qu'autour de son fût s'enroule une spectaculaire bande noire en vis d'Archimède, imaginée en 1937 par un peintre alors connu, « Menoune » Bellocq. Enfin parce qu'il est surveillé par un gardien à la fois curieux et érudit, Gilles Bodin, qui en y ouvrant une sorte de petit musée, en a fait l'un des phares de France les plus passionnants à visiter... Mis en service en 1863, il résistera en 1873 à un fort

Biarritz

Construit de 1830 à 1832, le phare de Biarritz est implanté au sud de l'embouchure de l'Adour, sur le sommet de la falaise de la pointe Saint-Martin. Il domine ainsi la ville, et sa renommée est telle que l'on parle désormais du « plateau du phare », et que la plupart des représentations de Biarritz incluent son image... Cette situation exceptionnelle en a fait un lieu de visite très fréquenté, essentiellement pour son belvédère d'où l'on découvre un immense panorama, depuis le sud des Landes jusqu'aux Pyrénées de Guipuzcoa. L'établisse-

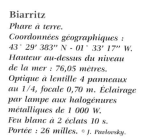

Biarritz
Phare à terre.
Coordonnées géographiques :
43° 29' 383" N - 01° 33' 17" W.
Hauteur au-dessus de la mer : 76,05 mètres.
Optique à lentille 4 panneaux au 1/4, focale 0,70 m. Éclairage par lampe aux halogénures métalliques de 1 000 W.
Feu blanc à 2 éclats 10 s.
Portée : 26 milles. © J. Pavlovsky.

Contis
Coordonnées géographiques : 44° 05' 45" N - 01° 19' 10" W.
Hauteur : 38 mètres au-dessus du sol (50 mètres au-dessus du niveau de la mer).
Optique à 4 panneaux, focale 0,30 m.
Éclairage par lampe de 180 W. Feu blanc à 4 éclats 25 s. Portée 23 milles. Visite de 10 à 12 h et de 15 h à 19 h.
© Barry McGrath.

tremblement de terre. En août 1944, les Allemands font sauter sa coupole, et il faudra attendre 1948 pour que commencent les travaux de restauration. La tour est construite en « garluche », pierre ferrugineuse de la région et abrite un escalier de 183 marches.

Il est gardienné en permanence et les visites sont autorisées

ment — dont les fondations s'appuient à 5 mètres de profondeur sur le rocher — comporte une tour légèrement tronconique en maçonnerie lisse dominant un bâtiment de forme irrégulière qui abrite la salle des machines, les locaux de service, le logement des gardiens et les chambres pour les personnels de passage.

Automatisé et gardé, il est télécontrôlé depuis le port de Bayonne. Sa visite est autorisée — escalier de 248 marches — mais la lanterne, trop exiguë, n'est pas accessible.

Feux de Saint-Jean-de-Luz
Construits en 1936-1937 par l'architecte A. Pavlovsky.

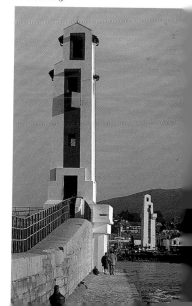

Cordouan
le phare roi

Cordouan

« Versailles de la mer », Cordouan
mérite à lui seul un chapitre : le plus
ancien phare en activité de France, et
si l'on excepte celui de Gênes, du
monde, est en effet, bien au-delà d'un
édifice purement utilitaire, un véritable chef-d'œuvre architectural.

On ne sait pas avec certitude
quand fut construite la première tour-
fanal sur l'îlot de Cordouan. Il est évi-
dent, néanmoins, que sa nécessité
s'est imposée très tôt. L'embouchure
de la Gironde est, en effet, un passage
à la fois très dangereux, surtout dans
la zone où les eaux du fleuve rencontrent celles de l'Atlantique, et très fréquenté, le port de Bordeaux ayant, dès
le XIe siècle, connu une réelle prospérité. Il semblerait même que la première tour ait été élevée bien avant
cette époque, peut-être sous le règne
de Charlemagne.

Vers le milieu du XIe siècle, le
nombre des naufrages était en tout cas
devenu tel que les armateurs commencèrent à refuser d'envoyer leurs
navires s'aventurer dans l'estuaire de
la Gironde. Plutôt que de risquer une
baisse de leur trafic, les bourgeois de
Bordeaux construisirent alors une tour
(ou relevèrent celle de Charlemagne)
sur l'îlot de Cordouan, dont le nom,
semble-t-il, trouve son origine dans la
ville de Cordoue. Déjà, à l'époque du
Califat, c'est-à-dire jusqu'au milieu du

Ancienne tour de Cordouan
(in Les Phares - Léon Renard).

Intérieur du phare de Cordouan
(in Les Phares - Léon Renard).

XII siècle, cette ville exportait ses peaux et ses cuirs célèbres par leur finesse dans tout l'Occident médiéval. Lorsque les chrétiens refoulent les Maures au sud de l'Espagne, les relations commerciales s'intensifient entre Cordoue et la Gascogne. Bordeaux connaît en outre avec l'Angleterre un second débouché pour l'exportation de ses vins. Que de riches marchands cordouans aient exigé, voire financé en partie, le balisage lumineux de l'entrée de l'estuaire est donc, sinon certain, du moins vraisemblable.

Si l'existence de cette première tour n'est fondée que sur de fortes présomptions, celle que bâtit le Prince

Noir est en revanche une réalité historique abondamment attestée. Une charte datée de 1409 prouve que, sous la domination anglaise, le prince de Galles (surnommé le Prince Noir), gouverneur d'Aquitaine de 1362 à 1371, avait fait édifier un phare. En 1581, l'état de la tour du Prince Noir est devenu inquiétant. Sur l'ordre de Henri III, Louis de Foix — un architecte fameux (il a notamment participé à la construction de l'Escurial et, pour la ville de Bayonne, a détourné le lit de l'Adour) — vient estimer l'ampleur des travaux à effectuer. Le diagnostic est sans appel : il faut démolir et reconstruire. Le 2 mars 1584, en présence du

maire de Bordeaux Michel de Montaigne, Louis de Foix signe le contrat qui l'engage à construire le nouveau phare, pour le prix de 38 000 écus soleil. Les ambitions de l'architecte sont immenses : réunir en un seul édifice un phare, une forteresse, une église et une résidence royale... Il mourra en 1602, sans avoir vu l'achèvement de son œuvre, ruiné et désespéré.

Les difficultés avaient été constantes : guerres de religion, troubles politiques, trésoriers rechignant à financer des travaux considérés comme insupportablement coûteux.

Pierre de Foix, le fils de Louis, reprit les travaux après la mort de son

Cordouan
Phare en mer.
Coordonnées géographiques :
45° 35' 11" N - 01° 10' 25" W.
Hauteur totale : 67,50 mètres.
Optique lenticulaire à système tournant, focale 0,92 m.
Éclairage par lampe halogène 2 000 W. Feu blanc, rouge, vert 12 s. Portée 22 milles.

Chapelle à l'intérieur du phare de Cordouan.

me, de ces renoncements et de cet acharnement, c'était le plus pur chef-d'œuvre de l'histoire des phares. Louis de Foix mort pouvait triompher.

La tour reposait sur un soubassement circulaire de 41 mètres de diamètre, défendu par un parapet de 8 mètres de haut. Le long du parapet, quatre guérites, situées aux quatre points cardinaux, logeaient les gardiens... La tour, circulaire elle aussi, d'un diamètre à la base de 16 mètres, comprenait quatre étages, plus la lanterne. Au rez-de-chaussée, on trouvait un vestibule, flanqué de quatre pièces qui servaient de logements et de magasins. Le premier étage était occupé par une grande salle appelée « Appartement du Roi », à partir de laquelle on pouvait accéder à une galerie extérieure, et le deuxième étage par une chapelle surmontée d'une coupole en plein cintre, ornée de pilastres et de sculptures et percées de deux rangées de fenêtres. Le reste de l'édifice primitif a été détruit en 1788 lors de l'exhaussement de la tour. Mais les descriptions, heureusement,

père. Il abandonne en 1606, incapable de venir à bout des difficultés. Et c'est finalement François Beuscher, un ancien conducteur de travaux de Louis de Foix, qui acheva l'ouvrage en 1611. Vingt-sept ans s'étaient écoulés depuis le début des travaux. Mais le résultat de ce quart de siècle de lutte contre les éléments et le scepticisme, de ces désespoirs et de cet enthousias-

Gardien à l'entrée du phare de Cordouan.

ne manquent pas. « Au-dessus de la seconde galerie, le dôme de la chapelle était accusé au dehors et découpé par des lucarnes richement ornées, qui formaient le second rang des fenêtres de cette salle. Il était surmonté d'un pavillon circulaire voûté et décoré de pilastres composites dont l'entablement était couronné par la balustrade à jour d'une galerie extérieure conduisant dans la lanterne. Cette lanterne, de dimensions assez restreintes était exécutée en pierre de taille et se composait de huit arcades dont les piédroits étaient ornés de colonnes, et dont la coupole se terminait par la cheminée destinée au dégagement de la fumée du foyer¹. » Ajoutons que le feu brûlait à 37 mètres au-dessus du niveau de la mer et qu'il était alimenté par un mélange de bois, de poix et de goudron. Tel était le chef-d'œuvre rêvé par Louis de Foix lorsqu'il entra officiellement en service, le 28 avril 1611.

Intérieur du phare
de Cordouan.

1. Léon Renard, « Les Phares »,
Hachette, 1867.

Un exemple d'évolution des sources lumineuses : Cordouan de 1611 à nos jours

1611-1782. Lumière issue de l'embrasement d'un mélange de bois, de poix et de goudron, puis de blanc de baleine, puis de charbon de terre
1782-1791. Lumière issue de lampes à huile (mélange de blanc de baleine, d'huile d'olive et d'huile de colza) dont l'éclat est amélioré par des réflecteurs sphériques fixes.
1791-1823. Lumière issue de lampes à huile (même composition) dont l'éclat est amélioré par des réflecteurs paraboliques tournants.
1823-1854. Lumière issue de lampes à huile (colza) dont l'éclat est renforcé par le système lenticulaire de Fresnel.
1854-1896. Nouvelle optique à anneaux catadioptriques. La lampe brûle de l'huile minérale.
1896-1907. Nouvelle optique d'horizon, encore en place aujourd'hui. La lampe brûle de l'huile minérale. Le feu est fixe.
1907-1934. La lampe marche au gaz de pétrole.
1934-1948. Le feu fixe est transformé en feu à occultations grâce à un cache tournant.
1948-1984. La source lumineuse devient électrique : ampoule de 6 000 W en 110 volts triphasé.
1984-1987. Installation d'une lampe de 450 W au xénon.
1987- ?. La lampe de 450 W au xénon est remplacée par une lampe de 2 000 W aux halogènes, rythmée électroniquement, ce qui permet la suppression du cache et de la machine de rotation.

Moins de cinquante ans après son inauguration, Cordouan présentait cependant d'inquiétants signes de dégradation.

En 1645, une tempête détruisit la pyramide creuse de 6,50 mètres de hauteur qui évacuait la fumée ainsi que le dôme. Une restauration générale était de toute évidence, devenue nécessaire. Il fallut pourtant attendre le début du règne de Louis XIV pour que soient exécutées les indispensables réparations. Elles furent menées de 1661 à 1664, et consistèrent essentiellement à renforcer le soubassement, à remplacer la pyramide creuse par une lanterne à huit ouvertures en plein cintre non vitrées et à modifier la décoration intérieure et extérieure.

Un demi-siècle plus tard, nouvelle alerte. On s'avise que les combustibles employés, bois empoissé et goudronné jusqu'en 1664, puis bois et blanc de baleine, ont calciné les pierres du pourtour de la lanterne. Le remède utilisé est simple : on rase la lanterne, abaissant ainsi la hauteur du phare de plus de 7 mètres. Devant l'ampleur des protestations des marins, l'intendance de Bordeaux décide de reconstruire une lanterne, en fer et non plus en maçonnerie, dans laquelle on brûle désormais du charbon.

En 1782, l'éclairage à l'huile sera substitué à l'éclairage au charbon. Le nouveau système avait été imaginé par Sangrain, responsable de l'illumination de Paris. Il se composait de 80 réverbères sphériques utilisant des lampes à mèches plates, sans cheminée de cristal. Mais le phare n'avait pas été exhaussé à l'occasion de ces travaux, et le foyer ne s'élevait qu'à 38 mètres au-dessus du niveau des plus hautes mers. De plus, le système de Sangrain donna lieu à une avalanche de plaintes de la part des marins, qui le jugeaient moins efficace que l'ancienne lanterne. Son remplacement, ainsi qu'un exhaussement de 20 mètres, fut alors décidé. Les travaux commencèrent en 1788, et en août 1790, le nouveau feu était allumé.

Le système tant décrié de Sangrain avait été remplacé par un feu tournant à réflecteurs paraboliques avec lampes à double courant d'air, alimenté par un mélange d'huile d'olive, d'huile de colza et de blanc de baleine. Cordouan s'élevait désormais à 63 mètres au-dessus du sol et à 60 mètres au-dessus des hautes mers. La navigation devenait plus sûre à l'entrée de la Gironde.

Mais l'unité architecturale de l'œuvre de Louis de Foix était à jamais perdue. Si en effet le rez-de-chaussée et les deux premiers étages de la tour furent conservés, le pavillon du troisième étage et la lanterne furent démolis et remplacés par une tour conique de quatre étages inégaux supportant une lanterne vitrée. Le phare Roi était donc définitivement mutilé... Mais aurait-il tenu jusqu'à nos jours dans son état originel ? On peut en douter. Même si les éléments l'avaient épargné, l'indifférence administrative aurait laissé à l'abandon un édifice inadapté aux nécessités nouvelles de la navigation. De plus, à l'aube d'une ère qui découvrait les vertus de l'utilitaire pur, quel Ministère aurait consenti un budget pour l'entretien d'échauguettes, de frontons néo-grecs, de colonnes doriques et de pilastres corinthiens, de rinceaux à feuilles d'acanthe et de frontons brisés à volutes... ?

Depuis lors, Cordouan n'a plus guère changé de visage, et à part quelques restaurations, notamment sous le règne de Napoléon III, seul le mode d'éclairage a subi des modifications notables, dont l'une au moins fut une révolution : en 1823, Augustin Fresnel expérimentait à Cordouan le premier appareil lenticulaire à système tournant, dispositif encore utilisé de nos jours, à quelques améliorations près.

Notons, pour être complet, que le phare connut sa plus longue éclipse depuis 1611, et peut-être depuis Charlemagne, entre septembre 1939 et juillet 1945...

Alors qu'il avait été en 1862 le premier édifice classé par les Monuments historiques, en même temps que Notre-Dame-de-Paris, Cordouan a bien failli disparaître avant la fin de ce siècle. Dès les années 60, son utilité nautique semble en effet de moins en moins évidente. De plus, des travaux très importants devront être entrepris si on veut éviter sa ruine. Pour l'Administration, la cause est entendue : le phare sera remplacé par un feu automatique et le plateau de Cordouan balisé. Pas question d'engager des sommes considérables dans une restauration considérée comme inutile. Le phare mourra donc...

En 1980, le Service des Phares et Balises, simple gestionnaire des lieux, décide de se débarrasser du problème en remettant Cordouan aux Domaines en vue de son aliénation. Cadeau empoisonné d'une administration à une autre, aucun des Ministères de tutelle n'étant réellement enthousiasmé à l'idée de financer l'entretien de l'édifice. Et puis, que faire du phare ? Un musée ? Un hôtel ? Un restaurant ? L'idée a traversé, dit-on, l'esprit de quelques fonctionnaires désemparés. Administrativement, la situation paraissait donc bloquée.

Second problème, non moins grave : les touristes prédateurs, amenés de Royan par pleines cargaisons, se déversaient tout l'été sur l'îlot et dans le phare, plus redoutables que les tempêtes d'équinoxe. On ne compte pas les « souvenirs » emportés, éclats de marbre, espagnolettes de fenêtres, jusqu'à une pierre de taille purement et simplement descellée...

Ainsi, livré aux vagues, aux vents et aux vandales, trop coûteux pour les Phares et Balises, mal accepté par les Domaines, Cordouan, au début des années 80, semblait condamné...

Heureusement, l'opinion, alertée, s'est mobilisée. Soutenue par des élus locaux et quelques journaux, une véritable campagne a permis d'obtenir, en juillet 1982, le financement des travaux qui s'imposaient. Les touristes, désormais encadrés et guidés, ne sont plus autorisés à pénétrer que par petits groupes, et un musée de Cordouan a été installé au phare de la pointe de Grave.

Sauvé, Cordouan continuera donc de lancer ses feux blancs, verts et rouges à l'entrée de la Gironde. Et si les navires, comme on l'affirme, peuvent aujourd'hui s'en passer, au moins fera-t-il rêver les terriens et, pourquoi pas, les marins eux-mêmes...

Il est gardienné et les visites sont autorisées.

La Méditerranée

C'est la Grande Bleue, la mer des vacances, des plages, des mouillages tranquilles dans les criques et les calanques, du pastis à l'ombre d'un parasol...

Image trompeuse... Malgré la réputation de douceur qui lui est attachée, la Méditerranée est une mer dangereuse, même si elle n'a pas la terrible réputation de la mer d'Iroise ou du golfe de Gascogne. Les Romains, déjà, qui pour être de moins bons navigateurs que les Phéniciens ou les Grecs n'en connaissaient pas moins les périls, avaient bâti cinq phares sur les seules côtes de la Gaule méditerranéenne, chiffre considérable pour l'époque, si l'on veut bien se souvenir qu'en 1800 vingt-quatre feux seulement éclairaient l'ensemble des côtes françaises. À l'exception de celui de Fréjus, encore visible aujourd'hui, tous ont disparu. Plus de traces de celui de Marseille, sauf le nom de Pharo, donné à la pointe qui précède l'entrée du Vieux Port. Plus de traces non plus de celui de Fos, pourtant attesté par Strabon, ni de celui qui signalait l'entrée de la rade de Narbonne... C'est aussi parce qu'ils avaient appris à ne pas sous-estimer cette mer imprévisible et coléreuse qu'au XIX° siècle les ingénieurs des Phares et Balises s'employèrent à en baliser les côtes avec le même soin que pour la Manche et l'Atlantique, Augustin Fresnel lui-même veillant par exemple à la reconstruction du phare du Planier, au large de Marseille...

De la frontière espagnole à la frontière italienne et à la Corse, la sécurité des côtes méditerranéennes est aujourd'hui assurée par 30 phares, pour la plupart de construction récente. Leur densité est fort inégale : si l'on n'en compte que trois du cap Béar à Sète, ils sont évidemment plus nombreux à proximité des grands sites portuaires, comme Marseille, Toulon ou Nice. Quant à la Corse, elle en totalise huit, soit plus du quart des phares méditerranéens français...

DES PYRÉNÉES-ORIENTALES AU GARD

Cap Béar

Construit en 1905, ce phare se situe à l'est de Port-Vendres, sur le cap Béar. Il est constitué d'une tour pyramidale à section carrée et chaînes d'angles en maçonnerie de pierres apparentes avec encorbellement à la partie supérieure, sur un soubassement à section carrée en maçonnerie lisse. On trouve à 50 mètres en contrebas deux logements de gardiens, une chambre pour le personnel de passage et des bâtiments de service. Sa décoration intérieure est particulièrement soignée : les murs sont tapissés d'opaline bleue, la salle de veille comporte des boiseries, et l'escalier d'une centaine de marches est en marbre rose avec une rampe en cuivre.

Automatisé, télécontrôlé et non gardienné, il ne se visite pas.

Cap Béar
Phare à terre.
Coordonnées géographiques :
42° 30' 9" N - 03° 08' 2" E.
Hauteur totale : 27,01 mètres
(83,72 mètres au-dessus du niveau de la mer).
Optique : lentille 3 panneaux au 1/5, focale 0,70 m.
Éclairage par lampe halogène 1 000 W. Feu blanc à 3 éclats 15 s. Portée 30 milles.

HÉRAULT 34
GARD 30
BOUCHES-DU-RHÔNE 13
VAR 83
PYRÉNÉES-ORIENTALES 66
AUDE 11

GOLFE DU LION
MER MÉDITERRANÉE

Cap Béar	Phare
★	Automatisé non gardé
☆	Non automatisé gardé
★	Automatisé gardé

0   25 km

Carte : Patrick Mérienne

Cap Leucate

C'est en 1949 que commence la construction, au sud du cap Leucate, d'un phare destiné à remplacer celui de Port-la-Nouvelle, détruit pendant la guerre. Le feu sera allumé en 1951. Le nouvel établissement comporte une tour pyramidale à section carrée en maçonnerie lisse avec chaînes d'angles en pierres apparentes, et un groupe de bâtiments accolés à la tour, abritant notamment le logement du gardien, une chambre pour le personnel de passage, la salle des machines, un atelier et un poste de transformation.

Automatisé, gardienné, il ne se visite pas.

Cap Leucate
Phare à terre.
Coordonnées géographiques :
42° 54' 5" N - 03° 03' 3" E.
Hauteur totale : 19,36 mètres
(68,32 mètres au-dessus du niveau de la mer).
Optique : lentille 2 panneaux au 3/8, focale 0,25 m. Éclairage par lampe 180 W. Feu blanc à 2 éclats 10 s. Portée 20 milles.

ALPES-
MARITIMES
06

COTE D'AZUR

0   25 km

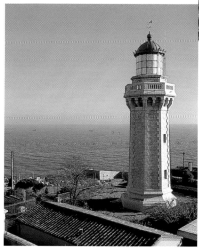

Feu de Sète
Cimetière marin.

Mont Saint-Clair

Situé à mi-hauteur du mont Saint-Clair, au sud-ouest du port de Sète, ce phare a été construit en 1903. Il comprend une tour octogonale avec chaînes d'angles et encorbellement en maçonnerie de pierres apparentes, et divers bâtiments abritant les salles des machines ainsi que des logements pour les gardiens et le personnel de passage.

Automatisé, non gardienné, il ne se visite pas.

Mont Saint-Clair
Phare à terre.
Coordonnées géographiques :
43° 23' 7" N - 03° 41' 4" E.
Hauteur totale : 23 mètres
(97,15 mètres au-dessus du niveau de la mer).
Optique : lentille 4 panneaux au 1/4, focale 0,70 m.
Éclairage par lampe halogène 1 000 W. Feu blanc à 1 éclat 5 s. Portée 29 milles.

ments abritant notamment deux logements de gardiens, le groupe électrogène et la salle des appareillages de commande. À 80 mètres environ s'élève un sémaphore en maçonnerie lisse.

Automatisé, gardienné, il ne se visite pas.

BOUCHES-DU-RHÔNE

La Gacholle

Situé en Camargue, sur la côte nord-est du golfe des Saintes-Maries-de-la-Mer, à mi-distance environ du Petit-Rhône et du Grand-Rhône, l'établissement a été construit en 1882 entre le cordon du littoral et une zone marécageuse. Il comporte une tour carrée en maçonnerie lisse accolée à la face sud d'un bâtiment rectangulaire servant de logement.

Le feu est automatisé et télécontrôlé, mais occupé en permanence par un gardien de la Réserve nationale de Camargue. Il ne se visite pas.

Beauduc

Construit en 1902, le phare de Beauduc est situé sur la côte sud-est du golfe des Saintes-Maries-de-la-Mer,

L'Espiguette
Phare à terre.
Coordonnées géographiques :
43° 29' 3" N - 04° 08' 5" E.
Hauteur totale : 27,40 mètres.
Optique : lentille 6 panneaux au 1/6, focale 0,25 m. Éclairage par lampe halogène 1 000 W. Feu blanc à 3 éclats 15 s. Portée 24 milles.

La Gacholle.
Phare à terre.
Coordonnées géographiques :
43° 27' 35" N - 04° 34' 28" E.
Hauteur totale : 19,56 mètres. L'optique est une lentille 1/2 horizon, focale 0,50 m. Éclairage par lampe halogène 40 W. L'énergie est fournie par des générateurs solaires photovoltaïques. Feu à éclats blancs, rouges et verts 4 s. Portée 12,5 milles.

L'Espiguette

Bâti en 1869 sur la pointe de l'Espiguette, côté sud-est du golfe d'Aigues-Mortes, au sud de l'entrée du Grau-du-Roi, ce phare remplace un établissement antérieur, jugé trop en retrait de la baie d'Aigues-Mortes par rapport à la pointe de l'Espiguette. À sa construction, la mer n'était distante que de 150 mètres de sa base ; elle est aujourd'hui à un bon kilomètre... Il comprend une tour carrée avec chaînes d'angles et encorbellement en maçonnerie de pierres apparentes sur un soubassement carré, et des bâti-

Faraman.
Phare à terre.
Coordonnées géographiques : 43° 21' 34" N - 04° 41' 29" E.
Hauteur totale : 46,50 mètres.
Optique : lentille 4 panneaux au 1/4, focale 0,70 m.
Éclairage par une lampe halogène de 650 W. Feu blanc à
deux éclats 10 s. Portée 27,5 milles.

sur la pointe de Beauduc, et se présente comme une tour isolée tronconique, élargie à la partie inférieure, en maçonnerie de pierres apparentes. Le logement et les locaux de service sont construits à part.

Automatisé et gardé en permanence, il ne se visite pas.

Faraman

Situé sur la côte sud de la Camargue, à environ 10 kilomètres au sud-ouest de Salin-de-Giraud, le phare de Faraman a été construit en 1892 en remplacement d'un phare antérieur, partiellement détruit par la mer gagnant sur le littoral. Il a été gravement endommagé en 1944, et remis en état de 1947 à 1950. La tour de forme tronconique est en pierres, élargie à la partie inférieure, en maçonnerie lisse avec encorbellement à la partie supérieure. Elle est peinte de trois bandes horizontales blanches alternant avec trois bandes noires. Comme dans tous les établissements de premier ordre de cette époque, les locaux d'habitation sont importants : trois gardiens et leurs familles y étaient en effet logés.

Bien qu'automatisé, le phare est gardienné en permanence, mais non visitable.

Saint-Gervais

Construit en 1979-1980 au fond du golfe de Fos, ce phare présente l'intérêt d'être le dernier ouvrage de ce type édifié en France. Sa tour cylindrique est en béton armé, brut de décoffrage à l'exception de la partie supérieure carrelée en vert.

Automatisé et non gardienné, il ne se visite pas.

Saint-Gervais
Phare à terre.
Coordonnées géographiques :
43° 25' 77" N - 04° 56' 49" E.
Hauteur totale : 49,60 mètres.
Optique : lentille 1/2 hor.,
focale 0,50 m. Éclairage lampe
au xénon 1 600 W. Feu
scintillant blanc, rouge et vert
12 s. Portée 25 milles.

Beauduc *Phare à terre.*
Coordonnées géographiques :
43° 21' 94" N - 04° 35' 13" E.
Hauteur totale : 27,80 mètres. Optique : lentille
4 panneaux au 1/4, focale 0,25 m. Éclairage par
lampe 180 W. Feu rouge à deux éclats de 10 s.
L'énergie est fournie par aérogénérateur (alimentation normale) et générateur solaire photovoltaïque (alimentation de secours).Portée 16 milles.

Le Fort de Bouc
Phare à terre.
Coordonnées géographiques :
43° 23' 69" N - 04° 59' 22" E.
Hauteur totale : 32,42 mètres.
Optique : lentille 3/4 hor..,
focale 0,25 m. Éclairage par
lampe halogène 90 W. Feu à 2
occultations 6 s à 3 secteurs,
blanc, rouge et vert. Portée :
12,5 milles.

Le Fort de Bouc

Le petit îlot de Bouc, à l'entrée de l'étang de Caronte, entre la Méditerranée et l'étang de Berre, a toujours été considéré comme un point stratégique de première importance. Au Moyen Age, en particulier, la piraterie chronique, surtout sarrasine, représentait un danger permanent pour les habitants des côtes, qui avaient constitué une véritable ceinture de « farots », des signaux de feu ou de fumée qui se transmettaient d'un point de vigie à un autre. La tour de l'îlot de Bouc actuellement visible, construite à la fin du XIIe siècle ou au début du XIIIe, renforcée dans les siècles suivants par des fortifications de plus en plus imposantes, faisait partie de ce dispositif. Au XVIIe siècle encore, la surveillance était assurée chaque nuit, et d'Antibes à la tour de Bouc, il ne fallait qu'une demi-heure pour signaler un péril... Le phare actuel se présente comme une tour carrée en maçonnerie de pierres apparentes surmontée d'une tourelle cylindrique en maçonnerie lisse.

Automatisé et non gardé, il ne se visite pas.

Cap Couronne

Construit en 1959 à Cap Couronne, il comprend une tour cylindrique blanche à sommet rouge surmontée d'une antenne radar avec radiophare, sur un bâtiment en maçonnerie lisse abritant le logement du gardien et les locaux de service. Il supporte la station de contrôle du réseau Toran Ouest-Méditerranée.

Automatisé, il est gardé en permanence, mais non visitable.

Le Planier

Sa mise en fonctionnement récente — tout juste trente ans — est trompeuse : le phare actuel du Planier n'est que le cinquième héritier d'une longue histoire. Situé à 8 milles du Vieux Port, l'îlot sur lequel il s'élève et dont il a pris le nom est d'autant plus dangereux qu'il est entouré de récifs immergés à quelques décimètres de

Feu du château d'If

Cap Couronne
Phare à terre.
Coordonnées géographiques :
43° 19' 60" N - 05° 03' 25" E.
Hauteur totale : 36,07 mètres.
Optique : lentille 4 panneaux
au 1/4, focale 0,25 m.
Éclairage : lampe halogène
650 W. Feu à éclats rouges 3 s.
Portée 20 milles.

Tour de Sainte-Marie.

Le Planier
Phare en mer.
Coordonnées géographiques :
43° 11' 99" N - 05° 13' 90" E.
Hauteur totale : 71,66 mètres.
Optique : lentille 4 panneaux
au 1/4, focale 0,50 m.
Éclairage : lampe 150 W 24 V.
Feu à éclats blancs 5 s.
Portée 23 milles.

profondeur. Les naufrages étaient si nombreux à l'entrée de la baie de Marseille que dès 1320, Robert d'Anjou, roi de Jérusalem et de Sicile, fit édifier sur l'îlot une tour haute de 12,50 mètres au sommet de laquelle on brûlait des branches de pin et du charbon. Mais il semble que pendant des siècles le feu n'ait brillé que très épisodiquement... En 1774, le second phare du Planier est allumé. La tour primitive est rehaussée à 20 mètres, et le feu est désormais constitué de 14 lampes à huile placées au foyer de réflecteurs en cuivre argenté. L'importance grandissante du port de Marseille le rend pourtant vite obsolète. C'est Augustin Fresnel lui-même qui veillera à la construction d'un troisième phare, que sa hauteur — 36 mètres — et son optique — 8 lentilles et 16 demi-lentilles — rendent visibles à près de 40 kilomètres. Le trafic maritime ne cessant de croître, une augmentation de la portée et de la fiabilité apparaît nécessaire dès la fin du siècle dernier. L'électrification est la solution, mais elle exige la construction d'une tour plus élevée. Ce sera chose faite en 1881 : le quatrième phare du Planier

culmine désormais à 61,93 mètres au-dessus des plus hautes mers... En août 1944, les Allemands le détruisirent entièrement. Un pylône provisoire le remplaça à la Libération avant que le phare actuel — une tour légèrement tronconique en maçonnerie de pierres apparentes avec couronnement circulaire surmonté d'une plate-forme carrée en maçonnerie lisse — ne soit allumé le 25 août 1959 sur la partie est de l'îlot du Planier...

Automatisé, il ne se visite pas.

Le Grand Rouveau
Phare d'île habitée.
Coordonnées géographiques :
43° 04' 87" N - 05° 46' 12" E.
Hauteur de la tour : 17,15
mètres (47,90 mètres au-dessus
du niveau de la mer).
Optique : lentille tout horizon,
focale 0,50 m. Éclairage par
lampe halogène 90 W. Feu
blanc à 2 occultations 6 s.
Portée 15 milles.

Cap Cépet
Phare à terre.
Coordonnées géographiques :
43° 04' 05" N - 05° 56' 43" E.
Hauteur de la tour : 14,15
mètres (76,90 mètres au-dessus
du niveau de la mer).
Optique : lentille à 3 panneaux
au 1/5, focale 0,15 m.
Éclairage par lampe halogène
650 W. Feu blanc à 3 éclats
15 s. Portée 20,5 milles.

VAR

Le Grand Rouveau

Érigé à l'ouest-nord-ouest de l'île des Embiez, au sommet de l'île du Grand Rouveau, le phare a été construit en 1861. Il est constitué d'une tour carrée en maçonnerie de pierres apparentes formant corps avec un bâtiment rectangulaire.

En 1965, les abords du Grand Rouveau ont été le théâtre de l'échouage par temps de brume du *Maria Sylva*, un cargo transportant des plaques de marbre. Grâce à l'aide des gardiens, l'équipage a été sauvé, et la cargaison a pu être récupérée. Mais les tempêtes d'hiver ont eu raison du navire, et son épave, complètement disloquée, gît par 10 à 20 mètres de fond au pied du phare.

Automatisé, télécontrôlé par la station de Porquerolles, il est non gardé et non visitable.

Cap Cépet

Construit en 1855, le phare s'élève dans une enceinte militaire. En 1992, il a été déplacé et reconstruit pour permettre la mise au point en grandeur nature du château du porte-avions *Charles-de-Gaulle*. L'ancienne bâtisse, remise en état par la Marine nationale, a conservé sa lanterne sur la tour, et sert encore d'amer de jour. L'optique originelle, en cristal et en bronze, est visible au musée de la Marine de Toulon. Bâti sur le cap Cépet, à la pointe du Rascas, dans la partie sud-est de la presqu'île de Saint-Mandrier, il constitue le maillon principal du balisage des abords sud de la rade de Toulon. Sa tour carrée en maçonnerie lisse surmontée d'une plate-forme circulaire avec garde-fou domine un petit bâtiment en partie basse.

Automatisé, télécontrôlé par la station de Porquerolles, non gardienné, il ne se visite pas.

Le Grand Ribaud

Construit en 1847, entièrement détruit pendant la dernière guerre et reconstruit de 1950 à 1953, le phare s'élève au sud de la presqu'île de Giens, sur la pointe sud de l'île du Grand Ribaud, côté nord de la petite passe de la rade d'Hyères. Il est constitué d'une tour tronconique en maçonnerie lisse accolée à l'angle de deux bâtiments rectangulaires.

Automatisé, télécontrôlé par la station de Porquerolles, non gardienné, il ne se visite pas.

Le Grand Ribaud *Phare d'île habitée.*
Coordonnées géographiques : 43° 00'59" N - 06° 08'40" E.
Hauteur de la tour : 16,05 mètres (37,05 mètres au-dessus du niveau
la mer). Optique : lentille tout horizon, focale 0,50 m. Éclairage par
lampe halogène 90 W. Feu rythmé à 4 éclats 15 s. Portée 15 milles.
© G. Martin Raget, agence Wallis.

Porquerolles

Les gardiens d'autrefois commençaient leur carrière dans les phares les plus durs — généralement isolés en mer — qu'ils baptisaient les « enfers », en espérant la terminer dans un « paradis » — phare de port ou d'île habitée — où ils pourraient retrouver une vie de famille normale et, accessoirement, ne plus affronter les périls de la relève. S'il est un paradis parmi les paradis, c'est bien du phare de Porquerolles qu'il s'agit : un environnement naturel exceptionnel dans l'un des plus beaux archipels de la Méditerranée, un climat exquis, et tout le bonheur de vivre sur la côte varoise... Qui ne rêverait d'être gardien de phare à Porquerolles... ? Mais après tout, peut-être est-ce aux gardiens eux-mêmes qu'il faudrait poser la question...

Construit en 1830, le phare est situé à la pointe sud de l'île, sur le cap d'Armes, au sud de la rade d'Hyères. C'est une tour carrée en maçonnerie de pierres apparentes sur un bâtiment carré également en maçonnerie de pierres apparentes. Il est le siège de la station de contrôle et d'émission des différentes aides radioélectriques :

— télésurveillance des établissements sous contrôle du Var effectué 24 h/24 h par trois gardiens à tour de rôle ;

— système Toran (arrêt de l'émission prévu en l'an 2000) ;

— émetteur M.H.F. à portée théorique de 300 à 400 milles ;

— D.G.P.S. à portée théorique de 200 milles.

Au moment de la débâcle allemande de 1944, le phare fut sauvé de la destruction par le gardien Joseph Pellegrino, qui eut le courage d'intervenir auprès des autorités d'occupation, en utilisant en toute connaissance de cause un stratagème qui aurait pu lui valoir de sérieux ennuis au moment de la Libération, mais qui lui valut la croix de la Légion d'honneur.

En témoigne cette lettre de M. de Rouville, inspecteur général, directeur des Phares et Balises de l'époque, datée du 24 octobre 1944.

« J'ai appris comment, pendant la dernière période de l'occupation allemande de votre phare, les marins allemands qui s'y trouvaient, ayant reçu l'ordre de la faire sauter, vous avez pu les persuader de n'en rien faire et assurer leur abstention en leur délivrant, de votre propre autorité, une sorte de certificat de bonne conduite.

Cette transaction originale, que vous avez imaginée, a eu pour conséquence de conserver en état de fonctionnement le phare et le radiophare de Porquerolles, d'économiser à l'État la somme considérable qu'aurait coûté leur reconstruction et d'éviter en outre à la navigation une gêne et des dangers certains pendant toute la période qu'aurait duré cette reconstruction si elle avait été nécessaire.

Si votre conduite fait honneur à votre intelligence, elle témoigne aussi de votre courage, car cette combinaison aurait pu vous mettre en situation périlleuse dans certaines hypothèses, vous ne l'ignoriez certainement pas.

Je tiens à vous féliciter de votre conduite en l'occurrence. Je ne l'oublierai pas, et je m'attacherai à la maintenir dans les mémoires. »

Porquerolles

Phare d'île habitée.
Coordonnées géographiques :
42° 59' 00" N - 06° 12' 24" E.
Hauteur de la tour : 20,66
mètres (84,06 mètres au-dessus
du niveau de la mer).
Optique : lentille à 4 panneaux
au 1/4, focale 0,70 m.
Éclairage par lampe halogène
1 000 W. Feu blanc à 2 éclats
10 s. Portée 29 milles.

Cap Bénat
Phare à terre.
Coordonnées géographiques :
43° 05' 18" N - 06° 21' 49" E.
Hauteur de la tour : 15,55
mètres (63,45 mètres au-dessus
du niveau de la mer).
Optique : lentille à 4 panneaux
au 1/4, focale 0,25 m. Éclairage
par lampe halogène 1 000 W.
Feu rouge à 1 éclat 5 s.
Portée 21 milles.

Le Titan
Phare d'île habitée.
Coordonnées géographiques :
43° 02' 47" N - 06° 30' 38" E.
Hauteur de la tour : 10,23
mètres (73,23 mètres au-dessus
du niveau de la mer).
Optique : lentille 4 panneaux
au 1/4, focale 0,50 m.
Éclairage par lampe halogène
1 000 W. Feu blanc à 1 éclat
5 s. Portée 28 milles.

Cap Bénat

Construit à une date inconnue — les archives ayant été détruites — le phare s'élève sur le cap Blanc, au sud-ouest du cap Bénat, et au nord-est de la rade d'Hyères. Sa tour légèrement tronconique en maçonnerie lisse est accolée à une maison rectangulaire également en maçonnerie lisse.

Automatisé, télécontrôlé par la station de Porquerolles, non gardienné, il ne se visite pas.

Le Titan

Situé sur la côte nord-est de l'île du Levant, entre la pointe de Calle Rousse et la pointe de la Reste, le phare du Titan a été construit en 1835, démoli

puis reconstruit en 1897. Il fut mitraillé en 1944, et sa lanterne en garde toujours les traces. Il comprend une tourelle légèrement tronconique en maçonnerie lisse reliée à un bâtiment carré.

Automatisé depuis 1984, non gardienné, il ne se visite pas car il s'élève dans la zone militaire du Centre d'essais de la Méditerranée.

Cap Camarat

Construit de 1829 à 1832 au sud du cap de Saint-Tropez, dans la partie sud de la baie de Pampelonne, le phare est constitué d'une tour carrée en maçonnerie lisse sur un bâtiment carré également en maçonnerie lisse. Ses locaux abritent le réémetteur A.S.N. (« Appels Sélectifs Numériques »), Système mondial de Détresse et de Sécurité en Mer. Les installations ont été mitraillées en 1944 par des avions allemands, et la couple de la lanterne ainsi que les barres d'acier supportant l'avant-toit des maisons des gardiens en gardent les traces. Le 31 janvier 1958, le sous-marin *Rubis,* qui avait été lancé en 1931 et avait participé à la

Cap Camarat
Phare à terre.
Coordonnées géographiques :
43° 12' 05" N - 06° 40' 50" E.
Hauteur de la tour : 25,30 mètres (134,30
mètres au-dessus du niveau de la mer).
Optique : lentille à 4 panneaux au 1/6, focale
0,50 m. Éclairage par lampe halogène
1 000 W. Feu blanc à 4 éclats groupés en 15 s.
Portée 26 milles.

dernière guerre dans les Forces françaises libres, a été volontairement coulé à 1 mille environ de la pointe du cap Camarat. Son épave est entière, et gît par 40 mètres de fond.

Automatisé, télécontrôlé par la station de Porquerolles, le phare est gardienné et visitable.

Agay

Édifié à une date inconnue sur la pointe de la Baumette, côté est de l'entrée de la rade d'Agay, le phare est constitué d'une tour carrée en maçonnerie lisse accolée à une maison rectangulaire.

Suivant la mémoire locale, Saint-Exupéry, revenant de Grenoble dans son avion afin de rejoindre son unité basée en Corse, aurait survolé pour la saluer la demeure de son beau-frère, le comte d'Agay. Situé à proximité du « château », comme l'appellent les gens du coin, le phare serait donc le dernier édifice que le pilote-écrivain aurait vu avant de disparaître en mer le 31 juillet 1944 aux commandes de son Lightning P. 38. C'est pourquoi une stèle à sa mémoire a été apposée sur la tour du phare...

La Garoupe
Phare à terre.
Coordonnées géographiques :
43° 33' 51'' N et 07° 08' 01'' E.
Hauteur totale : 29,05 mètres (107,20 mètres au-dessus du niveau de la mer). L'optique de Fresnel (lentille à 4 panneaux au 1/4, focale 0,70 m.) est considérée comme l'une des plus belles de la Méditerranée. Éclairage par lampe aux halogénures métalliques 400 W. Feu à 2 éclats blancs 10 s. Portée 28 milles.

Automatisé, télécontrôlé par la station de Porquerolles, il est non gardé et non visitable.

ALPES-MARITIMES

La Garoupe

Le phare actuel a été construit en 1948 en remplacement d'un établissement antérieur, mis en service en 1837 et détruit le 11 août 1944. Il est composé d'une tour carrée en maçonnerie de pierres apparentes sur un bâtiment carré en maçonnerie lisse. L'accès à la lanterne se fait par un escalier de 114 marches, et la décora-

Agay
Phare à terre
Coordonnées géographiques :
43° 25' 33'' N - 06° 52' 19'' E.
Hauteur de la tour : 16,25 mètres (29,65 mètres au-dessus du niveau de la mer).
Optique : lentille tout horizon 3/8, focale 0,25 m. Éclairage par lampe halogène 180 W. Feu blanc à secteur rouge rythmé : 1 occultation en 4 s. Portée 15 milles.
© Blot, agence Wallis.

Feu de Vallauris

Cap Ferrat
Phare à terre.
Coordonnées géographiques :
43° 40' 56" N et 07° 19' 67" E.
Hauteur totale : 71 mètres,
dont 32 mètres pour le fût.
Optique tournante à
4 panneaux. Éclairage par
lampe halogène 1 000 W.
Éclats réguliers tournants 5 s.
Portée 21 milles.

Nice
Phare à terre.
Coordonnées géographiques :
43° 41' 26" N et 07° 17' 21" E.
Hauteur totale : 21,70 mètres,
dont 16,20 mètres pour le fût.
Optique tournante à
4 panneaux. Éclairage par
lampe halogène. Feu à éclats
réguliers tournants 5 s. Portée
20 milles.

tion intérieure est particulièrement soignée. À 35 mètres à l'est s'élève un sémaphore haut de 16 mètres supportant un feu expérimental de signalisation optique du vent.

Il est gardienné et les visites sont acceptées sur demande au contrôleur.

Cap Ferrat

Il est constitué d'une tour octogonale et pyramidale en maçonnerie de pierres apparentes reposant sur un soubassement pentagonal et pyramidal également en maçonnerie de pierres apparentes.

Automatisé et non gardienné, il ne se visite pas.

Nice

On peut s'en étonner, tant la ville est ancienne : ce n'est que par une décision d'octobre 1865 que Nice a été dotée d'un établissement de signalisation maritime. En 1928, l'extension du port nécessite sa démolition et l'édification d'un second phare à l'emplacement actuel. Très endommagé pendant la dernière guerre mondiale, il sera provisoirement remplacé en 1945 par une tour en bois de 7 mètres de hauteur avant sa reconstruction.

Automatisé et non gardé, il ne se visite pas.

LES PHARES DE LA CORSE

« Île phare, île de caps, de pointes et de baies, île aux mille kilomètres de rivage, île aux dizaines de ports et de mouillages, île du large, île de détroit, de bouches, de passage, île de dangers et d'abris, île de navigation hauturière et de cabotage, île d'atterrissage et d'escales, île de grandes voiles et de plaisance, île bergère d'îles, d'îlots et d'écueils, île du vent, île au vent, île sous le vent [...], la Corse est depuis longtemps une île de phares, de feux et de balises. Une île qui se signale et qui signale, une île lumière . »

La Giraglia

Situé sur le point culminant de la partie nord de l'îlot de la Giraglia, à 2 kilomètres au nord de Barcaggio, ce phare mis en service en janvier 1848 est constitué d'une tour cylindrique en maçonnerie de pierres apparentes bâtie sur la terrasse d'un bâtiment rectangulaire, également en maçonnerie de pierres apparentes. L'accès à la lanterne se fait par un escalier de 104 marches. Sa construction, menée par Léonce Reynaud, l'un des plus grands ingénieurs de l'histoire de la pharologie, demanda près de dix ans. Il fallut en effet apporter de Bastia tous les matériaux et l'équipement, et les transporter à dos d'âne au sommet de cet îlot de 60 mètres de haut, isolé par les tempêtes une bonne partie de l'année.

À 150 mètres au sud-est, un bâtiment rectangulaire blanc à contreforts gris est utilisé comme magasin, atelier et salle des machines. À 30 mètres au nord s'élève une ancienne tour génoise carrée de 11 mètres de côté et de 12,30 mètres de hauteur, en maçonnerie de pierres apparentes.

La Giraglia
Phare en mer.
Coordonnées géographiques :
43° 01' 34'' N - 09° 24' 25'' E.
Hauteur au-dessus de la mer :
88,80 mètres.
Optique : lentille 4 panneaux
au 1/4, focale 0,70 m.
Lampe aux halogénures
métalliques 150 W.
Feu à 1 éclat blanc 5 s.
Portée 26 milles.

Alistro
Phare à terre.
Coordonnées géographiques :
42° 15' 35'' N - 09° 32' 31'' E.
Hauteur au-dessus de la mer :
96,26 mètres.
Optique : lentille 4 panneaux
au 1/4, focale, 0,30 m.
Éclairage par lampe 180 W.
Feu blanc à 2 éclats 10 s.
Portée 23 milles. © F. Desjobert.

Automatisé et télécontrôlé à partir de la subdivision de Bastia, l'établissement n'est pas gardienné et ne se visite pas.

Alistro

Ce phare est situé sur la côte orientale de la Corse, au nord de la pointe d'Aleria, à près de 2 kilomètres à l'intérieur des terres, sur les hauteurs d'Alistro. Mis en service en 1864, il ne signale ni port ni danger particulier, mais constitue un repère indispensable sur le long littoral plat et lagunaire qui s'étend entre Solenzara et Bastia. Il comprend une tour octogonale en maçonnerie de pierres apparentes accolée à un bâtiment rectangulaire en briques qui abrite deux logements de gardiens. À 50 mètres s'élève un sémaphore.

Automatisé, il est gardienné, mais ne se visite pas.

La Revellata

Situé sur la côte occidentale de l'île, à l'ouest du golfe de Calvi, sur la pointe de Revellata, mis en service en décembre 1844, l'établissement est constitué d'une tour carrée en maçonnerie de pierres apparentes sur un bâtiment rectangulaire à usage de logement. Il assure le balisage lumineux depuis l'île Rousse jusqu'à la Girolata.

« C'est sur cette côte que Nelson débarqua en juin 1794 pour implanter des batteries et bombarder Calvi. Il y perdit son œil droit... » « On raconte qu'après la guerre, la mer a déposé, entre autres épaves, une caisse d'amphétamines destinées aux troupes de choc lors des débarquements. L'un des gardiens, curieux de sa découverte, en absorba un peu trop. Pendant plusieurs jours, il ne connut aucun repos, aucun sommeil, et une activité débordante qui n'avait guère la possibilité de s'exprimer dans la solitude du phare... »

Automatisé, il est télécontrôlé depuis la subdivision de Bastia. Il ne se visite pas.

La Revellata
Phare à terre.
Coordonnées géographiques :
42° 34' 56'' N - 08° 43' 34'' E.
Hauteur au-dessus de la mer :
99,58 mètres. Optique : lentille
deux panneaux au 3/8, focale
0,30 m. Éclairage par lampe
180 W. Feu blanc 2 éclats 10 s.
Portée 21 milles. © R. Huitel.

Iles Sanguinaires
Phare en mer.
Coordonnées géographiques :
41° 52' 41" N - 08° 35' 45" E.
Hauteur du plan focal : 15,70
mètres (98 mètres au-dessus du
niveau de la mer).
Optique tournante en verre
taillé 6 panneaux au 1/6,
focale 0,50 m. Éclairage par
lampe halogène 180 W. Feu
blanc 3 éclats 15 s. Portée
24 milles.

Sénétose
Phare à terre.
Coordonnées géographiques :
41° 33' 28" N - 08° 47' 55" E.
Hauteur du support : 15,50
mètres (54 mètres au-dessus
du niveau de la mer).
Optique tournante en verre
moulé 4 panneaux au 1/4, focale
0,35 m. Éclairage par lampe
halogène 180 W. Feu blanc à
4 éclats 20 s, secteur rouge à
22°. Portée 20 milles.

Iles Sanguinaires

Mis en service en janvier 1870, le phare actuel — qui succède à un feu allumé en décembre 1844 — s'élève sur le point culminant de la grande île Sanguinaire, à 80 mètres au-dessus du niveau de la mer, au nord du golfe d'Ajaccio. Il est constitué d'une tour carrée en maçonnerie lisse sur un bâtiment rectangulaire en forme de château fort — avec Viollet-le-Duc, le style médiéval était alors à la mode — abritant un logement pour le personnel de passage.

« Figurez-vous une île rougeâtre et d'aspect farouche ; le phare à une pointe, à l'autre une vieille tour génoise où, de mon temps, logeait un aigle. En bas, au bord d'un lazaret en ruines, envahi de partout par les herbes ; puis des ravins, des maquis, des grandes roches, quelques chèvres sauvages, des petits chevaux corses gambadant la crinière au vent ; enfin là-haut, tout en haut, dans un tourbillon d'oiseaux de mer, la maison du phare, avec sa plate-forme en maçonnerie blanche, où les gardiens se promènent de long en large, la porte verte en ogive, la petite tour de fonte, et au-dessus, la grosse lanterne à facettes qui flambe au soleil et fait de la lumière même pendant le jour… Voilà l'île des Sanguinaires… » (Alphonse Daudet).

Automatisé, télécontrôlé, non gardienné, il ne se visite pas.

Sénétose

Le phare de Sénétose, dont l'édification fut décidée en 1890, est situé sur le territoire de la commune de Sartène, au sud du golfe du Valinco. Composé de deux tours cylindriques en maçonnerie de pierres apparentes encadrant un bâtiment rectangulaire à usage de logement pour le personnel, il est sans doute l'un des plus beaux phares de Corse, avec en particulier des chambres pourvues de magnifiques cheminées.

Automatisé et gardienné, il est visitable.

La Chiappa

Mis en service en 1845, ce phare situé sur la pointe de la Chiappa, côté de l'entrée du golfe de Porto-Vecchio, est destiné à signaler l'entrée des Bouches de Bonifacio aux navires venant du nord-est. Il est constitué d'une tour carrée couronnée d'une terrasse soutenue par des consoles de pierre et surplombant un bâtiment cubique.

Automatisé, gardienné, il est visitable.

La Chiappa
Phare à terre.
Coordonnées géographiques :
41° 35' 40" N - 09° 22' 02" E.
Hauteur du plan focal : 16,12 mètres (64,66
mètres au-dessus du niveau de la mer).
Optique en verre moulé, focale 0,35 m. Éclairage
par lampe halogène 650 W. Feu blanc
3 éclats + 1 éclat 15 s.
Portée 23 milles. © R. Huitel.

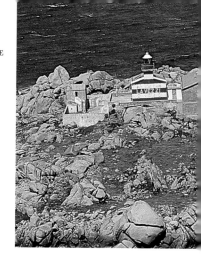

Pertusato

Élevé sur le cap Pertusato, à 3 700 mètres du port de Bonifacio, inauguré en novembre 1844, cet établissement est constitué d'une tour carrée en maçonnerie de pierres apparentes dominant un bâtiment rectangulaire. Il doit son nom à une galerie naturelle qui traverse de part en part le promontoire sur lequel il est édifié.

Automatisé, non gardienné, il ne se visite pas.

Iles Lavezzi

À l'extrémité sud-est de l'île Lavezzi, au nord des Bouches de Bonifacio, à près de 4 milles au large du cap Pertusato, ce phare constitué d'une tourelle carrée en maçonnerie lisse dominant un bâtiment rectangulaire s'élève au point le plus méridional de la France. Mis en service en mai 1874, il veille, dans le détroit qui sépare la Corse de la Sardaigne, sur l'une des zones les plus dangereuses de la Méditerranée : écueils nombreux, courants violents, mauvais temps fréquent... C'est

Iles Lavezzi Phare en mer.
Coordonnées géographiques :
41° 20' 140'' N - 09° 15' 600'' E.
Hauteur du support : 12,21 mètres.
Optique : lentille hor.., focale 0,50 m.
Éclairage par lampe halogène 80 W. Feu blanc, vert, rouge à 2 occultations 6 s.
Portée 15 milles.

d'ailleurs dans ces parages qu'eut lieu l'une des plus grandes catastrophes maritimes du siècle dernier : le 15 février 1855, en pleine journée, *La Sémillante,* qui faisait route vers la Crimée pour y acheminer des troupes coulait dans la tempête, faisant 773 victimes, soit la totalité de l'équipage et les 600 soldats qu'elle transportait...

Automatisé, il ne se visite pas.

1. *« Les phares de la Corse », Jean-Marie Homet, Éd. La Marge 1989.*

Pertusato Phare à terre.
Coordonnées géographiques :
41° 22' 00'' N - 09° 11' 09'' E.
Hauteur du plan focal : 16,55 mètres
(99,57 mètres au-dessus du niveau de la mer).
Optique tournante en verre taillé 4 panneaux au 1/4, focale 0,30 m. Éclairage par lampe halogène 1 000 W. Feu blanc 2 éclats 10 s. Portée 25 milles.
© R. Huitel.

Feu de la Madonetta

Le carnet d'adresse de l'auteur

Ce sont ses coups de cœur... Sélectionnés pour être à moins de 15 kilomètres de la mer,
c'est-à-dire toujours à proximité des phares, ces adresses de charme concilient la beauté du site,
le calme et la qualité de la table. Ici, pas de clients, mais des hôtes,
d'autant plus choyés que le nombre des chambres est toujours limité...

Pas-de-Calais
Hôtel Cléry, Château d'Hesdin-l'Abbé ***, rue du Château, 62360 HESDIN-L'ABBÉ. 22 chambres.

Somme
Auberge Le Fiacre ***, Routhiauville, 80132 QUEND.
11 chambres.

Calvados
Le Lion d'or*** (F 423), 71, rue Saint-Jean, 14400 BAYEUX. 25 chambres.
Hôtel d'Argouges **, 21, rue Saint-Patrice, 14400 BAYEUX. 25 chambres.
Le Clos Saint Gatien***, 4, rue des Brioleurs, 14130 SAINT-GATIEN-DES-BOIS. 53 chambres.

Manche
Manoir de la Roche-Torin***, 34, route de Roche-Torin, 50220 COURTILS-BAIE-DU-MONT-SAINT-MICHEL. 13 chambres.

Ille-et-Vilaine
Le Grand Hôtel de Courtoisville***, 69, boulevard Hebert-57, avenue Pasteur, 35400 SAINT-MALO. 44 chambres.

Côtes-d'Armor
Hôtel Ti Al Lannec***, Allée de Mézo-Guen, B.P. 3, 22560 TREBEURDEN. 29 chambres.

Finistère
Les Moulins du Ducs*** (F 102), 29350 MOELAN-SUR-MER. 27 chambres.
Le Manoir de Moëllien**, 29550 PLONEVEZ-PORZAY. 18 chambres.
Hôtel Brittany***, boulevard Sainte-Barbe, B.P. 47, 29681 ROSCOFF Cedex. 25 chambres.

Loire-Atlantique
Hôtel La Mascotte**, 26, avenue Marie-Louise, 44500 LA BAULE. 23 chambres.
Anne de Bretagne***, Port de la Gravette, 44770 LA PLAINE-SUR-MER. 25 chambres.

Vendée
Les Prateaux***, 8, allée du Tambourin, Le Bois de la Chaize, 85330 NOIRMOUTIER-EN-L'ILE. 22 chambres.

Charente-Maritime
Résidence de Rohan***, Parc des Fées, près Royan, 17640 VAUX-SUR-MER. 41 chambres.
Hôtel Primavera***, 12 rue du Brick, 17420 SAINT-PALAIS-SUR-MER. 45 chambres.

Landes
Hôtel Beauséjour***, 333 avenue du Tour du Lac, B.P. 1, 40150 HOSSEGOR. 45 chambres.

Pyrénées-Orientales
Hôtel Casa Pairal***, Impasse des Palmiers, 66190 COLLIOURE. 28 chambres.
Hôtel Le Cottage***, 21 rue Arthur-Rimbaud, B.P. 6, 66703 ARGELES-SUR-MER Cedex. 32 chambres.

Hérault
Hostellerie de Saint-Alban***, 31, route d'Agde, Nézignan-l'Evêque, 34120 PEZENAS. 14 chambres.
Le Mas de Couran**, route de Fréjorgues, 34970 LATTES. 18 chambres.

Corse du Sud
Hôtel U Benedettu***, Presqu'ile du Benedettu, 20137 LECCI-DE-PORTO-VECCHIO. 29 chambres.

Var
Le Delos***, Ile de Bendor, 83150 BANDOL. 55 chambres.
La Potinière***. 169, avenue de Boulouris, B.P. 5, 83700 SAINT-RAPHAEL. 29 chambres.
Hôtel Belle-Vue***, Saint-Clair, 83980 LE LAVANDOU. 19 chambres.
La Ferme d'Augustin***, Plage de Tahiti - Saint-Tropez, 83350 RAMATUELLE. 46 chambres.

Alpes-Maritimes
Hôtel Marc Hély***, 535, route de Cagnes D6, 06480 LA COLLE-SUR-LOUP. 13 chambres.
Relais Cantemerle****, 258, chemin Cantemerle, 06140 VENCE. 20 chambres.
Hôtel Beau Soleil*** (F179), Impasse Beau-Soleil, 06220 GOLFE-JUAN. 30 chambres.
Le Petit Palais***, 10 avenue Emile-Bieckert, 06000 NICE. 25 chambres.

Ces hôtels appartiennent tous à la chaîne Les Relais du Silence-Silencehotel, 17 rue d'Ouessant, 75015 PARIS. Centrale de réservations : 01 44 49 90 00. Site Internet : http://www. relais-du-silence. com

REMERCIEMENTS

À tous les Ingénieurs des Subdivisions des Phares et Balises, sans l'aide desquels l'élaboration d'un tel ouvrage aurait été impossible.
À tous les gardiens de phares — qu'ils nous pardonnent de continuer de les appeler ainsi, et non « Contrôleurs des Travaux Publics de l'État, spécialité Phares et Balises » — qui nous ont prêté leur concours, parfois honoré de leur amitié, et surtout parmi eux à François Jouas-Poutrel, dont la collaboration a été particulièrement précieuse.
À Jacques Manchard, responsable du Bureau des Phares et Balises à la sous direction de la Sécurité Maritime de la Direction des Affaires Maritimes et des Gens de Mer, qui a bien voulu relire les épreuves de ce livre, et en rédiger la préface.
Au groupe Accor et en particulier les Hôtels Mercure et Coralia pour l'aide qu'ils nous ont apportée.

Jean Guichard remercie la société Atlantique Hélicoptère, en particulier Eric Oger et Luc Malhomme, pilotes et Richard Fenwick de la société Fenwick/Hélicoptère.

Les Éditions Ouest-France remercient tout particulièrement
le photographe Enrico Cocquio,
Monsieur Bodin, gardien du phare de Contis et également les CDT des Landes et du Cap Ferret ainsi que l'agence photographique Wallis pour sa célérité,
et enfin Monsieur Huitel photographe en Corse qui a bien voulu nous réaliser la seule photo de phare qui manquait en dernière minute.

Bibliographie

E. Allard, « Les Phares », Éd. Rothschild, 1889.— P. Beaver, « A History of Lighthouses », Citadel Press, 1973. — A. Bernand, « Alexandrie la Grande », Éd. Arthaud, 1966. —D. Collet, « Phares du Ponant », Éd. Skol Vreizh, 1992. —H. Dumoulin, « Phares maudits », Éd. L'Ancre de Marine, 1992. —R. Faille, « Les Trois Plus Anciens Phares de France, Cordouan, les Baleines, Chassiron », Éd. Patrimoines et Médias, 1993. —R. Gast et J.-P. Dumontier, « Des phares et des hommes », Éd. Maritimes et d'Outre-Mer, 1985. —R. Gast, « Les Phares de France », Éd. Ouest-France, 1997. —J.-P. Gestin, « Les Phares d'Ouessant », Éd. Ouest-France, 1989.— J. Guichard, « Phares », Éd. Ouest-France, 1994. —J.-M. Homet, « Les Phares de la Corse », Éd. La Marge, 1989. — L. Lacroix, « Les Ecraseurs de crabes », Éd. Peyronnet, 1946. —L. Le Cunff, « Feux de mer », Éd. André Bonne, 1954. —A. Legrand, « Les Phares et leurs gardiens », Éd. Ouest-France, 1982. —H. Queffélec, « Un feu s'allume sur la mer », Éd. Presses de la Cité, 1959. —L. Renard, « Les Phares », Éd. Hachette, 1867, réédité par Éd. L'Ancre de Marine, 1993.

Conception graphique : Terre de Brume - Maquette Laurence Morvan

Cet ouvrage a été achevé d'imprimer par l'imprimerie Mame à Tours (37)
I.S.B.N 2.7373.2294.4 N° d'éditeur : 3714.07.03.02.06
Dépôt légal : avril 1999